나는 이래서 쓴다

나는 이래서 쓴다
Uforvarende

칼 오베 크나우스고르

Uforvarende
Copyright © Karl Ove Knausgaard, 2018
First published by © Forlaget Oktober as, Oslo, 2018
All rights reserved

This Korean edition published by arrangement with Karl Ove Knausgaard
c/o Vankel LTD through The Wylie Agency (U.K.) LTD, London, England.

이 책의 한국어판 저작권은 영국의 The Wylie Agency (U.K.) LTD를 통한 저작권자
와의 독점 계약으로 비트윈에 있습니다. 저작권법에 의해 한국 내에서 보호를 받는 저
작물이므로 무단 전재와 복제를 금합니다.

나는 이래서 쓴다
Uforvarende

칼 오베 크나우스고르 지음
사이연 옮김

비트윈

* 칼 오베 크나우스고르는 2017년 예일대학교의 문학상인 윈덤캠벨상Windham-Campbell prize 수상식에서 기조 연설자로 초청 받아서 '나는 왜 글을 쓰는가Why I write'를 주제로 강연했고, 이 강연은 예일대학교 출판부와 노르웨이의 옥토버 출판사에서 에세이집으로 출간되었습니다.

왜 글을 쓰느냐는 질문*은 단순하게 들립니다만, 이 단순함이 위험천만합니다. 왜냐하면 나는 지금 사흘째 아무런 글머리도 못 잡은 채로 남스웨덴의 우리집 책상 앞에 이렇게 앉아 있으니까 말입니다. 머릿속에 가장 먼저 떠오른 생각은 오래전에 본 어느 작가의 텔레비전 인터뷰에서 그가 스튜디오로 들어서면서 "나는 죽을 목숨이기에 글을 씁니다."라고 말하던 장면입니다. 그는 분명히 이 문제를 오랫동안 고민해왔던 것이 틀림없고 게다가 나름 진심이었을 테지만, 스웨터를 바지 속에다 넣어서 입고 있었고, 그런 비장한 표현과 어설픈 옷차림 사이의 엄연한 격차 때문에 나로서는 그를 진지하게 받아들이기가 힘들었습니다. 그만 웃음을 터뜨리고 말았다고 기억하지만, 여기에 앉아서 그가 대답해야 했던 것과 똑같은 문제를 마주하고 있는 지금은 이 질문이 얼마나 어려운 문제인지 잘 알고 있습니다.

그의 대답은 틀림없이 깊은 신념에서 우러나온 말이었고 설령 내가 완벽하게 동의하지는 못한다고 해도 정말 공감이 가는 말이었는데, 나는 왜 웃음을 터뜨렸던 것일까요?

그것은 그의 말과 그 말이 행해진 맥락 사이의 부조화가 우스꽝스러웠기 때문이고, 바지 속에 넣어 입은 스웨터가 그의 대답과 틈을 만들어 놓았기 때문이며, 이로써 삶의 무의미함과 죽음이 지닌 엄숙함 사이의 간극이 뚜렷해졌기 때문입니다. 다름 아닌 이 틈이 문학적인데요, 이 틈이야말로 진실한 무언가와 그 진실이 모습을 드러내는 상황 사이에서 문학이 파고드는 바로 그 공간인 것입니다. 이것이 곧, 자신이 본다고 상상하는 세상과 있는 그대로의 세상 사이의 틈에서 펼쳐지는 돈키호테의 공간이며, 또한 자신이 바라마지 않는 세상과 있는 그대로의 세상 사이의 틈에 의해 형성되는 마담 보바리의 공간입니다.

문학은 진실을 위한 장소라기보다는 진실이 일어나는 공간입니다. 왜 글을 쓰느냐는 질문에 '나는 죽을 목숨이기 때문에 글을 씁니다'라는 대답이 의도한 효과를 확보하고 우리에게 진실로서 받아들여지려면, 이 말이 행해지는 공간이 먼저 만들어져야 합니다. 이것이 바로 글쓰기의 본질입니다. 즉 글을 쓴다는 것은 무언가가 이야기될 수 있는 공간을 창조하는 것입니다.

나는 몇 년 전에 노르웨이 출신의 화가인 에드바르 뭉크Edvard Munch에 대한 책을 한 권 썼습니다. 이 책에서는 공간을 핵심적으로 다루었는데, 이는 시각 예술을 주제로 삼은 책이기 때문이기도 했지만, 또한 뭉크의 가장 큰 성과가 초창기 작품인 〈병든 아이〉The Sick Child〉를 비롯해서 〈절규The Scream〉나 〈재Ashes〉와 같은 작품 속에서 드러나듯이 자신의 성장기를 지배했던 화풍이었던 사실적이고도 그림같은 공간을 마감시켰다는 데에 있기 때문이기도 했습니다. 사실적이고도 그림같은 공간은 안정되어 있습니다. 폭풍우 속의 배나 숲 속의 나무, 시골의 장례식이나 도시에서의 모임 등등은 그 안에서 어떤 일이 일어난다고 해도 일관된 표현 규칙을 따릅니다. 그 공간은 배나 나무나 장례식이나 모임 등이 있기 이전에도 존재했고, 그 이후로도 존재하리라고 상상할 수 있는 것입니다. 이들 사건들은 시간과 공간 모두에서 더 큰 무언가의 일부입니다. 그러나 〈병든 아이〉에서는 공간이 닫혀있을 뿐만 아니라 굉장히 왜곡되어 있고, 〈절규〉에서는 공간 전체가 얼굴 하나와 이 얼굴로 표현된 정신 상태에 총동원됩니다. 우리는 이들 작품 속에서 벌어지고 있는 사건들로부터 결코 달아날 수가 없습니다. 〈병든 아이〉에서는 죽음이, 〈절규〉에서는 불안함이 격렬하게 표현되어 있고, 우리는 이들과 거리를 둘 수도, 또 이들을 막아낼 수도 없습니다.

내가 제기했던 의문은 '왜 뭉크만 그런 방향을 추구했고, 그런 방식으로 그렸던 것일까', 그리고 '왜 당시 크리스티아니아(오슬로의 옛 이름)에서 활동하던, 뭉크보다 확연히 재능이 뛰어났던 젊은 화가들 중 어느 누구도 이 길을 택하지 않았을까' 하는 것이었습니다. 뭉크가 경험한 현실과 당대를 지배했던 묘사 방식 사이에는 모순이 많았던 것이 틀림없고 또 그 모순은 너무나도 컸기 때문에, 그가 스스로에게 진실하기 위해서는 기존의 회화 관행을 그냥 순순히 받아들일 수가 없었고 이에 대항해서 싸워야만 했으며 자신의 방식을 맹목적으로 파고 들어가서 스스로의 내적 경험과 부합하는 외적인 무언가를 이끌어 낼 때까지 포기하지 않아야만 했습니다. 그렇게 일 년도 넘는 시간을 쏟아부은 뒤 완성시켜서 마침내 전환점으로 자리매김한 작품인 〈병든 아이〉는 마치 파헤쳐진 것만 같습니다.

뭉크는 다섯 살에 어머니를 여의었고, 열세 살에는 누구보다도 사랑했던 누나를 잃었습니다. 나는 책에서, 특히 누나를 잃었을 때 세상을 향한 뭉크의 신뢰가 무너진 것이 틀림없고, 뭉크에게 이 작품은 무너진 신뢰를 표현하는 수단이었던가 하면 세상에 대한 신뢰를 회복하는 시도였다고 썼습니다.

따라서 나는 뭉크가 왜 그림을 그렸는지를 알고 있었고, 단 하나의 문장만으로도 묘사할 수 있을 정도로 아주 잘 알고 있었습니다. 그리고 그 문장은 스웨터를 바지 속에다 넣어서 입고 있었던 작가의 표현과 흡사합니다.

'나는 죽을 목숨이기에 글을 씁니다.'

'나는 세상에 대한 신뢰를 잃었기에 그림을 그립니다.'

나는 여전히 이 문장이 진실하다고 믿고 있는 편입니다. 내가 뭉크의 일생에 대해서 읽고 그의 작품들을 들여다볼 때면, 과연 진실이란 것이 늘 그렇듯이 직관적이면서도 논란의 여지가 없이 바로 이 문장대로 어김없이 딱 들어맞습니다. 하지만 도대체 '언제' 그렇다는 것일까요? 그림을 그리겠다고 시도라도 해 본 사람이라면 누구든지, 그림을 그리는 작업이 마치 색상이나 형태 자체이다시피 시각적이면서도 이성에 의존하지는 않는 특수한 사고 형식에 지배를 받는 어렵고도 복잡한 과정이라는 것을 압니다. 캔버스에 내가 그리고 싶은 것을 표현할 수 있을 만큼의 충분한 경험과 자신감을 얻자면, 혹은 적어도 내적인 이미지와 외적인 이미지 사이의 격차를 줄여서 시각적이되 이성에 의존하지는 않는 생각들을 그 안팎의 표현들 사이에서 어느 정도로 자유자재로 오가게 하려면 오랜 세월이 걸립니다. 회화라는 매체 자체가 물질적이고, 그림은 유화 물감과 캔버스로 구성된 하나의 물체이다 보니, 만약 예컨대 1896년 어느 여름날의 뭉크 옆에 다가가는 게 가능하다고 치더라도, 그리고 예컨대 뭉크가 오스고슈트란에 있던 자신의 집 밖에 서서, 예컨대 집 몇 채와 나무를 배경으로 부두에 몇몇 소녀들을 그리고 있던 1896년의 어느 여름날 바로 그의 곁으로 갈 수 있다고 하더라도, 그가 고개를 들고 모자를 머리 위로 쓰윽 밀어 올리면서 "정말이지 내가 이걸 하고 있는 건 세상에 대한 신뢰를 잃어버렸기 때문이야."라고 말하면서 눈썹 위의 땀을 닦고 나서 담배에 불을 붙이고는 "누나는 내가 열세 살이었을 때 죽었단 말이야. 그래서 난 선택의 여지가 없었지. 나는 여기 서서 그림을 그려야만 해."라고 말하리라고 상상하기는 어려운 노릇입니다.

돛이 펄럭거리는 소리와 그 돛이 팽팽해지면서 삐그덕대는 소리가 들릴 정도로 아주 가까이 요트 한 척이 다가옵니다. 뭉크의 뒤에 펼쳐진 피요르는 푸른 물결로 가득하고, 그 빛깔은 밝고 환한 하늘에 비해 훨씬 깊고도 차갑습니다.

"그때부터 이십칠 년이 지났어. 하지만 보다시피 내 신뢰감은 회복되지 않았지. 그래서 이 다리 위에다 이런 소녀들을 그리고 있는 거야. 어쩌면 이 친구들이 내 믿음을 회복시킬 수도 있을까? 아니라면 적어도 내 상실감만큼은 표현할 수 있을지도 모르지!"

늘 그랬듯 아이들 몇 명이 조금 떨어진 곳에서 그를 바라보고 있습니다. 그의 짙은 정장 차림과 작고 가벼운 밀짚모자를, 또 그가 자그마한 해변 휴양지에서 먼지투성이 길을 걸을 때면 들고 다니다가 그림을 그리느라고 세워두는 이젤이며, 소형 목제 화구 상자를 바라보는 것입니다. 그는 이 동네에서는 흔치 않은 인물입니다. 직업도 없고, 이 일 말고는 해 본 일도 없으며, 크고 감성적인 입과 예민한 눈에 쉴 새 없이 움직이는 커다란 손을 가진 데다, 무척 잘생겼습니다. 동시에 그는 유명한 학자 집안 출신의 거만하고 자기 중심적이면서도 교만한 사람이며, 거의 매일 저녁 술을 마셔대고, 훤한 여름밤이면 그와 친구들의 목소리가 주택가를 타고 멀리 잠잠한 피요르 너머에까지 울립니다. 말년에는 친구들도 애인들도 모두 멀리하고 은둔 생활을 하는 가운데 성격은 점점 더 까다로워졌고, 혹여 누군가와 마주치기라도 하면 모든 것에 대해 또 아무것도 아닌 일에 대해 끝도 없이 떠들어대곤 했으며, 일단 한번 이야기를 시작하면 어느 누구도 끼어들 수가 없는 괴팍한 노인으로 변해 갔습니다. 젊은 시절의 적어도 십 년 남짓 동안만큼은 자신의 삶에서 일어났던 장면과 기억을 그렸지만, 나머지 평생은 눈앞에 보이는 것만을 그렸습니다. 집과 들판과 경작지며 트랙터와 말을, 일꾼과 나무며 사람들을, 그리고 자기 자신의 얼굴을 그렸던 것입니다. 뭉크는 19세기 중반에 태어나 제2차 세계 대전 말에 이를 정도로 장수를 누리면서 평생 동안 쉬지 않고 그림을 그렸습니다. 자신의 소유지에서 건물의 외벽을 칠하던 페인트공을 소재로 삼았던 말년 작품 중 한 점에서는, 이게 바로 나 역시 하는 일이라고, 무언가의 표면에 붓으로 물감을 칠하는 것이 내 삶을 송두리째 바쳐온 일이라고, 그가 말이라도 하는 것만 같습니다. 그러나, 태양은 빛나고, 집은 새하얗고, 정원의 푸른 잔디 깊숙히 붉은 헛간 벽은 빛나고 있습니다.

그는 정말이지 세상에 대한 신뢰가 부족하다는 이유에서 천칠백여 점의 작품을 그리게 되었고, 이만여 점의 판화를 제작하게 되었으며, 바로 그것이 기나긴 인생 전반에 걸쳐서 그가 이룩한 모든 승리와 모든 패배의 동인이었을까요?

만약 멀찌감치 떨어져서 본다면 그렇습니다. 아주 멀리서 보면 인생은 단 하나의 문장만으로도 요약될 수 있습니다. 하지만 우리가 삶에 가까이 다가서면 다가설수록 그 한 문장은 망망대해와도 같은 시간과 사건, 사물들과 사람들로 흩어지고 맙니다. 그 한 문장은 숱한 인생사 가운데 어딘가에 여전히 존재하지만 더이상 대단할 것은 없이 그저 존재할 뿐입니다. 가까이서 들여다 본 삶 속에는 분류해서 정리할 만한 그 어떤 원칙도 없기 때문입니다.

우리는 각종 사건과 사물들과 사람들이 계속해서 서로서로를 이어가는 시간의 바다 속에서 살고 있습니다만 계속 이렇게 끝없는 복잡함 속에서 살아갈 수만은 없습니다. 왜냐하면 우리가 그 속에 그만 매몰되어 버리기 때문입니다. 그렇기 때문에 우리는 인생을 각종 범주와 순서와 위계로 구분지어서 우리 자신을 분류하고 정리합니다. 나는 무명의 존재가 아니며 이름은 아무개요, 어떠어떠한 부모님 아래에서 자랐으며, 무슨 학교를 다녔고, 요모조모를 경험했으며, 성격은 어떻고 어떠하며, 그래서 이런저런 선택들을 해 왔다는 식으로 우리 자신을 분류하고 정리합니다. 또한 우리는 우리를 둘러싼 배경 역시 분류하고 정리하는데, 즉 우리는 단순히 잔디와 잡목과 길과 집이 있는 평면 위에 사는 것이 아니라, 특정한 문화가 있는 특정한 국가의 특정한 장소에서 살며, 우리는 그 문화

안에서도 특정한 계층에 속한다는 것입니다.

우리 모두가 스스로의 삶을 이런 식으로 요약하며 이를 '정체성'이라고 부릅니다. 그리고 우리는 우리가 사는 세상 역시 비슷한 방식으로 정의하고 이를 '문화'라고 부릅니다. 우리 자신에 대한 이와 같은 우리의 설명은 적절합니다만, 만일 예를 들어 우리가 21세기 초가 아닌 중세 시대에 살았다면 우리는 우리 자신에 대해서 완전히 다른 이야기를 했을 것이고, 세상 속에서의 우리 각자의 위치에 대해서도 전혀 다르게 생각했을 것이며, 이 역시 적절했을 뿐만 아니라 유의미하게 여겨졌을 것입니다.

나는 이처럼 정체성과 세상에 대한 우리의 이해가 일치하는 동시에 여전히 임의적이라는 바로 이 점이 예술과 문학이 존재하는 이유라고 생각합니다. 예술과 문학은 현실과의 끊임없는 '협상'으로 구성되어 있으며, 물질적이고도 물리적이면서도 끝없이 복잡한 세상과 그로부터 비롯된 정체성 및 문화와의 사이에서 일어나는 교류를 표현합니다.

하지만 이것이 내가 글을 쓰는 이유는 아닙니다. 그것은 뭉크가 그림을 그린 이유도 아니었습니다. 이들 협상은 언제나 개인적으로 이루어지며, 관념적이거나 대표성이 있는 경우는 결코(또는 아주 드문 경우만을 제외하고는) 없기 때문입니다.

만일 내가 예술과 삶을 이런 식으로 이해하고 있다면, 왜 나는 뭉크가 세상에 대한 신뢰를 잃어버렸기 때문에 그림을 그렸다고,

그렇게 허술하게 단순화시켜서 표현했을까요?

글을 쓰는 데에는 몇 가지의 기본 규칙이 있습니다. 특히 이중에서도 '인물을 묘사할 때는 심리를 묘사해서는 안 된다'라거나, 그와 비슷한 의미를 담고 있는 격언인 '보여주되 설명은 하지 말라'와 같은 규칙들은, 문학은 본질적으로 항상 복잡함과 모호함을 추구한다는 인식과 함께 세상에 대한 진실을 단호하게 주장하는 것은 반문학적이라는 인식에서 비롯합니다. 이에 따르자면, '나는 죽을 목숨이기에 글을 씁니다'라는 진술 자체는 반문학적이지만, '스웨터를 바지 속에 넣어서 입은 작가가 자신은 죽을 목숨이기 때문에 글을 쓴다'고 말하는 것은 문학적입니다.

나는 심리를 묘사해서는 안 되며, 설명하지 말고 보여주라는 등의 글쓰기 규칙들을 여러 해 동안 충실하게 따랐습니다. 하지만 결국 내가 그렇게 쓴 글들은 복잡하지도, 모호하지도 않았습니다. 오히려 내 글들은 마치 글이 펼쳐지는 공간이 창문 하나 없이 굳게 문이 잠긴 감옥이기라도 하듯이 꽉 막힌 채 자유롭지 못했습니다. 내가 규칙을 어기고 무언가가 어떻게 이해되고, 어떻게 이해되어야 하는지를 의심의 여지라고는 하나도 없이 극히 정확하게 보여주고 인물들을 심리학적인 용어로 그려내기 시작하자 비로소 내 글에는 생기가 돌기 시작했습니다. 내가 생각할 때 그 이유는, 한 인물의 성격이나 행동에는 제아무리 꼼꼼하고 철저하게 설명을 한다고 하더라도, 또 제아무리 혹독하게 해석을 한다고 해도, 항상 어떤 여지가 있기 때문입니다. 언어와 문학적 형식 자체에는 완전히 파고 들어갈 수도, 전적으로 없애버릴 수도 없는 틈이 내재해 있습니다. 모든 언어는 그림자를 드리우며, 이 그림자는 어느 정도까지는 파악이 가능합니다만 완벽하게는 장악할 수가 없습니다.

내가 썼던 첫 소설은 '이건 말하자면 이렇습니다'와 '저건 바로 저렇습니다'와 같은 문장으로 가득했습니다. 일인칭의 화자(부연하자면 나와 아주 다르지는 않았습니다)는 권위 및 권위주의를 받아들이지 못했고, 이에 강하게 반발하기도 했지만 또한 불확실성과 머뭇거림과 우유부단함으로 가득한 상태로 자신의 삶이 표류하고 있었기 때문에 이를 필요로 했으며, 그야말로 핵심이었던 바로 그 갈등이 세상과 세상 사람들에 대한 단정적인 주장을 꼭 필요하게 만들었고, 또한 자기만 살겠다고 사람들을 이용하는 한 인물을 드러내면서 나머지 모두를 철저히 무너뜨렸습니다. 그의 주장 자체가 사실이 아닌 것은 아니지만 그 주장을 둘러싼 공간이 주장 자체를 완벽히 상대화시켰습니다. 소설을 쓰던 당시에는 미처 몰랐지만 세상에 대한 확신에 찬 주장은 나의 주인공에게만큼이나 나에게도 필요했던 것 같습니다. 만약에 내가 이런 패턴을 미리 알았고 전략적으로 사용했더라면 틈이라고는 하나도 없어져서 독자들로서는 도무지 참고 견디기 힘들어졌을 것이고, 단순한 데다 결코 모호하지도 않았을 것이며, 바지에 넣어 입은 스웨터 역시 빠져버렸을 것입니다. 형식과 언어 사이의 바로 이 틈이야말로 내가 나 자신을 쏟아넣을 수 있는 공간, 즉 내가 소유권과 통제권을 잃고 평소의 나에서 진정한 '나'로 변모하는 공간을 만들어준다는 사실을 깨닫고 나서야 나는 비로소 작가가 되었습니다.

하지만 그래서 내가 글을 쓰기 시작했던 것은 아닙니다. 왜냐하면 나는 오랫동안 이것을 깨닫지 못하고도 여전히 글을 쓰고 있었습니다. 하지만 이 사실을 발견했을 때에는 모종의 기시감이 들었습니다. 바로 독서와 같았던 것입니다.

나의 첫 소설은 《세상 밖Out of the World》이라고 제목을 붙였습니다. '세상 밖'은 물론 죽음이며 과거이기도 하지만 또한 문학이기도 합니다. 나는 어렸을 때 엄청나게 많은 책을 읽었는데, 내가 처한 현실에서 벗어나고 싶다는 즉 순수하고도 단순한 현실 도피만이 유일한 목적이었습니다. 나는 만화책으로 독서를 시작했는데, 만화책은 우리 동네 아이들 모두가 갖고 있었고 그래서 읽은 책을 서로 바꿔 보거나 중고 책을 사고 팔 수 있었기 때문입니다. 처음에는 아는 친구들 집을 위주로 집집마다 초인종을 울려대며 만화책이 가득한 가방을 들고 돌아다녔지만, 점점 책 공급처가 바닥을 드러내자 훨씬 먼 곳까지도 다니기 시작했고, 알기는 알아도 평소에는 함께 놀아본 적이 없는 아이들의 집까지도 찾아갔습니다. 그중 어느 집에선가 어린 꼬마 하나가 집 안쪽을 향해 돌아서서 "엄마, 만화책 장사가 왔어요!"라고 소리치던 것이 기억납니다. 나의 욕심이, 그리고 단지 그 숫자만으로도 느껴지던 단순하면서도 온몸을 전율시키던 기쁨이 떠오릅니다. 읽어본 적이 없는 새 만화책 더미는 몇 시간씩 혹은 며칠씩 침대 속에서 그 이야기의 힘에 푹 빠져드는 것을 의미했기 때문입니다. 하지만 이러한 풍요로움은 내가 무엇을 읽는지에 어머니가 관심을 기울이기 시작하면서 갑작스럽게 끝나고 말았습니다. 어머니에게는 굉장한 충격이었습니다. 거의 모든 만화책들이 폭력적인데다 성차별적이었고, 나는 겨우 아홉 살이었던 것입니다. 게다가 이모가 심리학 석사 학위를 위해서 만화책의 폭

력성에 관한 논문을 썼기 때문에, 어머니는 잔인함을 유발하게 될 것을 이미 염려하고 계셨습니다. 더이상 만화책은 읽으면 안 된다고 하셨습니다. 나는 울었습니다. 그 벌을 납득할 수가 없었습니다. 나로서는 잘못한 것이 하나도 없었으니까요. 그러나 어머니는 책은 읽어도 좋다고 허용하시면서 나와 형을 화요일마다 도서관에 데려가겠다고 하셨습니다. 비록 만화책은 아니었지만 그나마 아무 것도 아닌 건 아니었기에, 나는 어머니의 녹색 폭스바겐을 타고 다리를 건너서 털털거리며 시내 쪽으로 달려, 언덕길을 반쯤 올라가 자리잡은 3층짜리 도서관을 향했습니다. 그때부터는 만화책을 읽을 때처럼 게걸스럽게 책을 읽기 시작했습니다.

매주 화요일이면 쇼핑백 하나 가득히 책을 담아서 집으로 돌아왔습니다. 이것으로 내가 무엇을 얻었는지는 모르겠습니다. 다만 내가 머무를 수 있는 장소를, 내게는 그 어떤 것도 요구하지 않으면서도 내가 원하는 것은 얻을 수 있는 장소를 세상 속에다 마련해준다는 점이 책의 본질이라고 나는 생각합니다. 우리 형 말고는 달리 독서를 즐기는 사람을 몰라서 내가 책 속에서 경험한 것을 누구와 얘기해본 적은 없습니다. 하지만 그것이 중요한 것은 아니었고, 그 무엇보다도 중요한 것은 비록 책은 혼자서 읽지만 한 번도 혼자라고 느낀 적이 없다는 사실입니다. 왜냐하면 책을 읽는 동안만큼은 항상 누군가와 함께 하기 때문입니다. 나는 일단 읽고 나면 그 책에 대해서는 아무 생각도 하지 않았고, 아무것도 배우지 않았을뿐더러, 심지어 그런 따위는 중요하지도 않았습니다. 나는 책을 소비했고, 책과 소일하는 가운데 그 속으로 달아났습니다.

하지만 꼭 한 번 남달랐던 적이 있습니다. 유년기를 거쳐 십 대 무렵까지, 자주 생각이 나서 읽고 또 읽었던, 결코 나를 떠난 적이 없는 책이 한 권 있습니다.

그 책은 《어스시의 마법사 A Wizard of Earthsea》라는 제목으로 어슐러 르 귄Ursula K.LeGuin이 쓴 책입니다. 이 책은 어느 날 어머니가 나를 위해서 갖다주신 책인데, 그해는 어머니가 학업 때문에 주말에만 집으로 돌아오시던 해였습니다. 겨울이라 여기저기 두터운 눈더미가 쌓여 있었던 바로 그 금요일날, 어머니가 돌아오시기를 손꼽아 기다리던 나는 도저히 방에 가만히 앉아있을 수가 없어서 누구라도 마주쳐서 함께 놀 수 있기를 바라면서 집 밖으로 나갔습니다. 그해에 대해서는 기억나는 것이 거의 없지만, 아무도 없는 언덕길을 걸어 내려가다가 눈더미 위에 누워서 팔다리를 아래위로 움직이며 눈 위로 천사를 그렸던 것은 기억이 납니다. 그러다가 잠자코 누운 채 오랫동안 어둠 속을 바라보았습니다. 눈에서 올라오던 냉기와 희미하긴 해도 틀림없던 눈 냄새, 다운 재킷의 부드러운 옷감이 눈에 스치며 나는 소리 같은 것들이 내 안에서 어떤 무언가를 일으켰습니다. 잠시 뒤, 차 한 대가 언덕을 올라왔고, 그 소리는 헤드라이트 불빛이 노랗게 비추던 눈 속으로 파묻혔습니다. 하지만 그것은 틀림없는 어머니의 차 소리였고, 드디어 어머니가 돌아오셨던 것입니다. 나는 집 앞에 주차를 하는 어머니를 향해서 차로 달려갔고, 우리는 곧 현관을 향해서 함께 걸었습니다. 어머니는 내게 줄 선물이 있다고 하셨고, 그게 바로 그 책이었는데, 나는 어머니와 함께 외투를 벗고 나서 어머니의 가방 속에 포장이 안 된 상태로 가만히 놓여있던 책을 받아 들었습니다.

우리의 기억에 남은 일들이 그 사건을 둘러싼 순간들에 어떻게 연결되는지는 경이롭습니다. 만일 그 일이 일어나지 않았더라면 그 순간 자체만으로는 딱히 기억할 만한 것이 없어서 잊어버리고 말았을 것이기 때문입니다. 그런 순간들이야말로 우리가 우리의 삶을 살아냈던 순간순간들이었지만, 오히려 우리가 기억하고 우리 자신의 정체성을 구축하는 순간들은 예외의 경우들일 때가 더 많습니다. 이것이 바로 마르셀 프루스트Marcel Proust가 '무의지적 기억 involuntary memories'이라고 이름 붙였던 기억들이 그렇게도 강력한 이유입니다. 예컨대 안개 자욱한 가을 저녁의 젖은 아스팔트와 같은 '냄새'나, 혹은 차갑게 식힌 고등어 요리나 식초에 절인 오이 한 조각과 같은 '맛'은 전적으로 미가공인 상태의 기억을 일깨워서 기억이나 생각의 통제를 벗어난 채로 거의 날것인 상태의 시간을 떠올려서 실제로 겪어냈던 삶에 철컥 연결시킵니다. 다들 그렇겠지만, 나에게 이런 기억을 불러일으키는 촉매제는 음악입니다. 그 무렵의 나는 그렇게 특별한 밤이면 윙스의 앨범 《백투더에그》를 들으면서 시간을 보냈습니다. 요즘도 가끔씩은 이 앨범을 듣는데, 그만큼 좋아해서라기보다는 그 특정 시간이, 특히나 《어스시의 마법사》가 여기에 담겨있기 때문입니다. 그 책과 그 음악과 그 당시의 내 생활을 둘러싸고 있던 분위기는 내 안에서 서로 구분할 수가 없이 뒤섞여 있습니다. 바로 그 분위기가 상징했던 것, 즉 바로 그 분위기가 내 안에 만들어놓은 공간이 내가 나중에 글을 쓰기 시작하게 된 가장 중요한 이유였다고 생각합니다. 나는 그 공간으로 다시 들어가고 싶었습니다.

그렇다면 그렇게 깊은 인상을 남겼을 뿐만 아니라 그닥 기억에 남아 있지도 않던 무렵의 기억을 한아름 모아들였던 그 책은 과연 어떤 책일까요?

《어스시의 마법사》는 동화책입니다. 이 책은 전근대 시기에 섬과 바다로 이루어진 세상에서 일어나는 이야기이고, 그곳 사람들은 말이나 배를 타고 여행을 합니다. 그 세상에는 마법사들이 존재하며, 따라서 마법은 가능하지만 그렇다고 모두에게 마법이 허용된 것은 아닙니다. 그리고 모든 사물과 모든 동물이며 모든 인간이 언어를 벗어난 진정한 이름을 하나씩 갖고 있고, 이 이름들은 각자의 본질에 연결되어 있습니다. 마법은 이 이름들에 연결되어 있어서 만일 누군가가 이름만 안다면 바로 그 사물을, 그 동물을, 그 사람을 조종할 수 있습니다. 주인공은 게드Ged라는 이름의 소년입니다. 그는 변두리 출신의 천재 소년이지만 자부심과 야망이 있는 인물이며, 인정을 받으려고 안달하다가 결국 능력을 인정받게 되어서 마법 학교에 입학하게 됩니다. 하지만 그는 다른 사람들에게 자신의 가치를 증명하겠다는 과시욕과 자기 주장으로 인해서 죽은 자들의 땅으로 향하는 경계를 넘고 맙니다. 거의 죽을 뻔했다가 코마 상태에 빠지게 된 그가 가까스로 버텨내지만, 이 때문에 악령 같은 존재 하나가 세상으로 들어오게 됩니다. 그 존재의 냉혹함을 감지한 게드는 그를 피해서 멀리 멀리 달아나는데, 그 존재의 진정한 이름을 알아내지 못한다면 결코 그로부터 자유로울 수가 없다는 것을 깨닫습니다. 책의 말미에 그 존재가 굉장히 가까이 다가와서 자신을 장악하거나 혹은 제거하려고 들 무렵에서야 게드는 그 존재가 바로 자신의 이름을 갖고 있음을 문득 깨닫게 됩니다.

내가 왜 글을 쓰는지를 다루는 에세이에 열 살짜리한테나 효과가 있을 법한 퇴행적인 수준에다, 어른들의 삶에서는 일종의 향수 말고는 아무런 가치가 없을 아동 도서를 언급하는 것은 유치하게 보일 수도 있겠습니다.

그 대신, 내가 제임스 조이스James Joyce의 《율리시스Ulysses》에 대해서 쓰지 않는 이유는 무엇일까요? 조이스의 끊임없다시피 풍부한 통찰력과 실용성은 나의 작가 생활 전반에 걸쳐서 충분히 영향력을 미쳐 왔는데 말입니다. 아니라면, 앤 카슨Anne Carson의 시나 바네사 베어드Vanessa Baird의 그림에 대해서 쓰지 않는 것은 또 무슨 이유에서일까요? 두 작가 모두, 미처 상상조차 할 수 없을 정도의 극히 진실한 방식으로 현대 속에 신화적인 공간을 열어서 아찔하게 현기증이 일어날 만큼의 성과를 남겼던 인물들인데 말입니다.

《어스시의 마법사》는 동화책이지만 이 책이 나에게 불러일으켰던 느낌만큼은 어린 시절만의 전유물이 아닙니다. 세간의 통념과는 달리 우리의 감정은 최소한 그 기본에 있어서는 일생 동안 바뀌지 않습니다. 기쁨이 열 살 아이에게나 일흔 살 노인에게나 똑같이 느껴지듯이 애도와 분노도, 질투와 혐오와 열정도 마찬가지입니다. 어린 시절에 읽었던 책들 모두가 내 안에 있는 느낌을 끌어냈습니다만 그 느낌들은 내가 표지를 덮자마자 떠나왔던, 세상 밖 그 어딘가를 다루고 있었습니다. 그러나 이 책은 나에게, 나라는 인물에게, 그리고 내가 직접 살고 있는 바로 이 세상에 와 닿는 감정에 연결되어 있었습니다. 이 책은 내가 전에는 단 한 번도 경험해본 적이 없었던 일종의, 이성에 의존하지 않는 감정 중심적인 사고를 하도록 길을 터 주었고, 이 생각들은 내게는 신선하면서도 가히 충격적일 정도로 강력했습니다.

나는 나한테 남에게 보여주고 싶은 강한 욕구가 있었다는 것도 몰랐고, 보여주고 싶다는 욕망이라는 것 자체가 세상에 존재한다는 것도 미처 몰랐습니다. 내가 행했던 일 모두가 나를 넘어서서 본질적으로 내가 아닌 삶을 갖게 되었다는 것, 그러면서도 여전히 나와는 불가분의 관계로 묶여있다는 사실은 내가 이미 경험했음에도 불구하고 한 번도 생각도 해보지 못한 채 내 속에서 불분명한 상태로 남아있었습니다. 독서가 이것을 분명하게 만든다거나 생각해보게 만들지는 않았다고 해도, 느끼게는 만들어 주었습니다. 독서는 이러한 내 감정에 형태와 방향을 부여했습니다. 그것은 일종의 깨달음이었지만, 사실 책 속에서만 일어났고, 비록 고통스러운 깨달음이라고 해도 또한 기분 좋게 느껴지기도 했는데, 그건 아마도 바깥 세상에는 영향을 미치지 않은 채 내 안에서만 일어났다는 정확히 그 이유 때문이었을 것입니다.

이와 같은 감정에 기반한 사고 및 이해 방식은 문학에만, 혹은 특정 형식의 문학에만 일어나며, 내가 문학과 문학 이론을 공부하던 몇 해 동안에는 오로지 지성적인 것만이 가치가 있다고 믿었고 또한 깨달음은 사유를 통해서만 얻을 수 있다고 믿었던 바람에 비록 잊고 지냈었지만, 결코 나를 떠난 적이 없었던 방식입니다. 나는 《율리시스》를 읽고 나서도 어마어마한 존경심을 느꼈지만 정말 깊게 각인된 작품은 그의 단편 〈죽은 사람들The Dead〉이었고, 마찬가지로 내가 도스토에프스키Dostoevsky의 《백치The Idiot》를 읽었을 때 불타올랐던 것도 내 생각이 아니라 바로 내 감정이었습니다.

사고와 감정은 서로 배타적이지 않습니다. 내가 어슐러 르 귄의 아동문학 고전을 읽고 처음 경험했듯이 독서에서는 정확히 그 반대 상황이 일어납니다. 이들 둘은 함께 옵니다. 독서는 사고를 하는 또 다른 방식입니다.

바로 이렇게 문학은 나의 피난처였지만 동시에 나 자신이 가시화되기 시작한 장소였습니다. 그리고 이처럼 안에 있는 것이 보이게 드러나는 바깥 장소야말로 문학의 정의라고, 나는 지금도 여전히 생각합니다. 내가 이해하기로는 문학과 예술은 종교와 더불어 그와 같은 바깥을 마련할 수 있는 유일한 장소들places입니다. 정치와 저널리즘도 안이고, 과학 연구와 학술 논문도 안이며, 철학이나 사회과학 등 내가 생각할 수 있는 모든 학문 영역은 안에 있습니다. 그리고 최근에 과학 기술이 급격히 발전하면서 동시대의 도처에 광범위하게 분산되어 있는 각종 진실의 다양한 면모가 한꺼번에 파악되고 있다고 해서 글을 쓰는 이유가 더 늘어난 것은 아니지만, 훨씬 더 심각해졌다는 것은 확실합니다.

그렇다고 해서 이것을 내가 글을 쓰는 이유라고 말한다면 이는 거짓말입니다. 물론 나는 나의 사생활과 관련된 개인적인 이유에서도 글을 씁니다만, 이런 이유들은 진부합니다. 또한 나는 실존적인 이유로, 존재한다는 것이 과연 무엇이냐에 대해서도 글을 씁니다만 이런 이유들은 가식적이거나, 혹은 쉽사리 가식적이라고 인식될 수 있습니다. 게다가 나는 사회적인 이유에서도 글을 쓰고 있습니다. 어쨌든 나는, 비록 점점 더 소홀한 취급을 당하거나 제대로 인정을 받지는 못하고 있다고 해도 내가 보기에는 지극히 중요한 공동체인 시, 에세이, 단편 소설, 희곡, 장편 소설 등등의 문학적인 글이 중요한 기능을 하는 언어 및 문화적인 공동체의 일원인 것입니다.

지금 이 책과 같은 에세이의 문제점은, 내가 만일 첫 번째 역할을 선택해서 보여지고 싶다거나 유명 인사가 되고 싶다는, 혹은 성공을 꿈꾸는 야망과 욕망 등의 개인적인 이유들을 두고 왜 글을 쓰는지를 이야기한다면 나는 이기적이고도 얄팍한 데다 멍청이처럼 비칠 것이고, 반면 내가 실존적인 측면과 글쓰기의 사회적인 기능이라는 다른 두 역할에 역점을 둔다면 나는 교만하고 자만한 데다 아마도 과대망상으로 비칠 것입니다.

그러나 실제로는, 글을 쓴다는 것은 바로 정확히, 다른 사람들의 눈에 어떻게 비칠지를 무시하는 것이며, 또한 바로 정확히, 온갖 판단과 가식과 입장들로부터 자유로워지는 것입니다.

글을 쓴다는 것은 무언가를 접근 가능하게 만들어서, 그 무언가가 스스로 드러나게 만드는 것입니다.

물론, 그 무언가가 스스로 드러내는 것이 무엇이건 우리가 기존에 이미 알고 있던 것일 수도 있습니다. 왜냐하면 인간의 심리나 세상에 대해 다루어지지 않은 것이라고는 거의 남아있지 않은 탓입니다. 하지만 그 무언가가, 일종의 '신뢰' 속에서 적나라하게 스스로를 보여주어야만 합니다. 그 무언가는 마치 우리 정원의 고슴도치들과도 같습니다. 두 마리가 있는데요, 녀석들을 있는 그대로의 모습으로 관찰하려면 나는 의자에 꼼짝없이 앉아서 녀석들이 은신처에서 나오는 해 질 녘까지 기다려야만 합니다. 내가 움직이지 않고 가만히 있으면 녀석들 바로 나의 앞까지 다가올 때도 있고, 나는 녀석들의 둥글고 가시 돋힌 몸뚱아리와 까만 눈과 까만 주둥이만 보는 것이 아니라 녀석들이 세상에 존재하는 방식까지도, 이를테면 천천히 쿵쿵거리며 돌아다니는 것은 물론, 가끔씩은 흥분과 욕심으로 바뀌기도 하는 조심성과 느린 천성까지도 모두 관찰할 수가 있습니다. 녀석들이 나를 보는 것이 아니라 내가 녀석들을 보는 것입니다.

반대의 경우도 역시 일어나는데요, 어둠 속에서 마당을 가로질러 건너가다가 무심코inadvertently 그중 한 마리를 발로 차는 바람에 녀석이 공처럼 몸을 둥글게 말고는 널돌을 따라 떼구르르 굴러갈 때도 있습니다.

첫 번째처럼 가만히 앉아서 고슴도치들이 나와서 내 시야에 나타나주기를 기다리는 방식은 소설과 같은 사고 방식이고, 어둠 속에서 한 놈 위로 발을 헛디디었다가 차버리는 두 번째 방식은 시나 짧은 산문의 논리입니다. 두 경우 다 '무심코' 일어납니다. 무심코 다가오는 것이 작가인지 작가가 쓰고 있는 무언가인지는 중요하지 않습니다. 생각은 무작정inadvertent의 적입니다. 왜냐하면, 만일 우리가 그 무언가가 다른 사람들에게 어떻게 보일지를 생각한다면, 만일 우리가 그 무언가가 중요한지 혹은 충분한지를 생각한다면, 만일 우리가 따져서 계산하고 그런 척 꾸미기 시작한다면, 그것은 그 자체로서 의도치 않고 다가서는 것이 아니라 우리가 만들어 놓은 무언가에 불과하기 때문입니다.

다른 사람들이 어떻게 생각할지의 여부, 이게 과연 좋을지 아닐지와 같은 생각, 모든 비판과 자기 비판, 그리고 모든 반성과 판단들로부터 일단 물러서야만 '신뢰'는 형성될 수 있습니다. 바로 이 점에서 글을 쓰는 작업은 열려있어야만 하고 순수해야만 합니다. 하지만 이같은 개방성과 순수함 속에서 무언가가 일어나려면, 또한 접근이 가능해지려면, 제한을 두어야만 하는데 이것이 바로 우리가 '형식form'이라고 부르는 것입니다.

'형식'이 지닌 묘한 특징은 다른 어떤 이야기도 아닌 딱 그 이야기만 할 수 있게 만든다는 점입니다.

몇 해 전, 나는 전체를 대부분 한두 페이지의 정도의 짧은 단편만으로 구성한 책 세 권을 썼습니다. 전부 어떤 사물이나 현상에 관한 것이었고, 거의 대부분 물리적이고도 물질적인 특징을 다루었습니다. 나는 스스로 지켜야 할 간단한 규칙 몇 가지를 세웠습니다. 대략, 각각의 단편은 한 단어나 한 사물 또는 한 현상만을 주제로 다루며, 이들 각각을 한 페이지 정도의 길이로 쓰되 한자리에 앉아서 단번에 쓴다는 규칙이었습니다. 이 규칙들은 내가 미처 생각해 본 적이 없거나 본 적이 없는 특정한 관계들을 드러나게 만들었습니다. 가령 우리가 주변의 사물들을 기계적으로 서열화시켜서 분류하는 가운데 어느 몇몇에 보다 더 가치나 중요성을 부여하는 것은 너무나도 굳혀진 질서이다 보니 우리가 기존의 사회적, 정치적 질서나 위계에 도전하듯이 도전해 보려는 생각은 비록 일어나지 않는다고 해도, 이같은 질서 역시 지극히 임의적이라는 점입니다. 또한, 치아와 조약돌처럼 입과 동굴이 닮은 방식, 조개살이 그 껍질에 붙어있듯 혀가 입 안에 붙어있는 방식, 습지가 건조한 지역에 붙어있듯 인체의 젖은 부위가 그 주변의 피부와 연결된 방식 등등과 함께 신체와 그 주변 환경의 연결 관계도 드러났습니다. 이처럼 작은 부분으로 나누어서 묘사하다 보면 신체의 물질적이고도 물체적인 측면이 명확해지고 다른 사물들과의 유사성이 분명하게 드러나며, 내가 앉아서 글을 쓰는 동안 나와 현실 사이에 놓인 길이 새로이 방향을 튼다는 의미에서 나는 현실과 새롭게 연결됩니다. 나 스스로에게 내가 누구인지를 의미하는 나의 정체성도 어디서 시작해서 어디서 끝나는지 설명하기가 힘들 정도로 사물로 이루어진 세계와 뒤얽혀 있다는 것 역시 드러납니다. 나의 신체도 말하자면 사물thing이고 여느 사물만큼이나 유한하고 갇혀 있지만, 물이 흙 속으로만 흐르는 것이 아니라 목구멍으로도 흘러내리듯 그리고 방을 채운 공기가 폐 역시 채우듯 열려 있으며, 우리가 동식물을 섭취해서 가용할 수 있는 모든 것을 소화한 뒤 다시 배출하는 것과 마찬가지로 우리의 몸도 언젠가는 낙엽이나 나뭇가지나 언덕과 같이 사물의 세계로 마지막 발걸음을 내디딜 것이며, 결국에는 다른 사물들 가운데 한낱 미물thing이 되어 현실 속에서 소리없이 가만히 존재해 나가게 된다는 것입니다.

이 깨달음을 떠올리게 만든 것도, 이를 보이게 만든 것도, 이를 표현시킨 것도 다름 아닌 '형식'입니다. 이 깨달음의 실마리는 이미 내 마음 속에 존재하고 있었지만 제대로 표현되거나 의미가 있다거나 하지는 않았습니다. 의미는 형식과 함께 왔습니다.

형식이 작가에게 어떤 말을 하게 하느냐 만큼이나 어떤 말을 못하게 하느냐 역시 중요합니다. 만일 한 인물의 생각을 거의 실시간으로 따라가면서 특정한 날의 특정한 도시를 묘사한다면, 상부구조라 할 만한 것은 모두 사라지고 역사와 전통이라는 틀도 없어진 채, 거리 풍경이나 사무실, 혹은 해변이나 침대와 같은 주변 환경 속에 늘 존재하는 인상들과 개인적인 과거사 사이로 조각조각 파편들만이 남습니다. 언제나 그 순간순간에 실제로 일어나는 삶과, 우리가 맥락을 읽어내기는 하되 결코 한 번도 살아보지 않은 삶 사이의 차이점이 드러나는 것입니다. 만일 이 책의 모든 장을 각각 다른 전략을 가지고 각기 다른 방식으로, 즉 예를 들어 하나는 뉴스 기사처럼, 다른 하나는 교리 문답처럼, 또 하나는 의식의 흐름처럼 쓴다면, 우리가 우리 자신과 타인을 이해하는 방식의 상대적인 측면이 드러날 것입니다. 동시에 물질적인 삶은 언어의 형식과는 상관없이 억누를 수 없게 계속된다는 것을, 즉 결국 언어의 형식과는 무관하다는 것을 깨닫게 됩니다. 다시 말해, 들여다보는 시선은 바뀔지 몰라도 들여다보는 대상은 바뀌지 않는 것입니다. 그래서 만일 오늘이라는 특정일에 일어나는 인물들의 행동을 고전 속 인물들의 행동과 구조적으로 일치시켜 본다면, 인간의 본성과 같은 불변의 요소와 문화나 시선과 같이 변화하는 요소 사이의 긴장감은 훨씬 더 확연하게 부각됩니다. 세상에 대한 이 모든 해석들, 즉 이 모든 겹겹의 현실들은 형식을 통해서 비로소 가능해지는 것이며, 인물들의 생각이나 느낌이나 행위와는 거의 무관한 것입니다.

나는 대학에 다니던 스물한 살 무렵에 처음으로 《율리시스》를 읽었습니다. 학교에 제출할 페이퍼를 쓰기 위해서였습니다. 그다지 잘 이해하지 못했는데, 그것은 조이스가 소설 속에 풀어헤쳐 놓은 문학이며 철학이며 역사 전반을 이해할 역량이 나한테 없었다는 아주 단순한 이유 때문이었습니다. 내 눈에는 혼돈스럽고 복잡하기만 했고, 일관성도 없는 데다 전혀 모르는 것들에 대한 언급으로만 보였습니다. 지금까지도 여전히 '나는 조이스를 제대로 읽어냈노라'고 자부할 수는 없지만, 다만 특정 순간을 관계들 속으로 풀어내는 방식이나 다양한 스타일을 적용해서 이들 관계들을 색다르게 재구성하는 방식 만큼은 지난 이십여 년에 걸쳐 나에게 중요했던 방식이고, 비록 나의 작업 속에서는 직접적인 영향을 받지 않았다고 하더라도 현실에 대한 글을 쓴다는 것이 무엇인가와 개인적인 세계관이 형식 속에 얼마나 내재되어 있는가 등을 이해하는 데에는 크게 영향을 받았습니다. 열 아홉 살 무렵에 내가 본격적으로 글을 쓰기 시작했던 당시에는 그저 어느 형식을 좋아하는지는 알아도 왜 좋은지는 모를 정도로 형식에 대해서 무지한 채, 머릿속에서 두 개의 극과 극을 상정하고 있었다고 기억합니다. 한쪽은 내가 정말 좋아했던 크누트 함순Knut Hamsun의 《굶주림Hunger》이었고, 반대쪽은 밀란 쿤데라Milan Kundera의 소설들, 특히 그중에서도 《참을 수 없는 존재의 가벼움The Unbearable Lightness of Being》이었는데 나는 이 책에는 본능적으로 반감을 느꼈고 이 책에 대해서는 쓰고 싶지도 않았습니다. (내가 원했다면 쓸 수나 있었다는 듯이 말이죠.) 지금은, 내가 왜 함순의 형식에는 매력을 느꼈던 반면 쿤데라의 형식은 기피했는지 아주 잘 이해하고 있습니다. 그것은 바로 친밀감과 존재감에 관련된 문제입니다. 함순은 자신의 주인공을 밀착해서 따라가기 때문에 그의 소설에는 줄거리는 물론 인물 구성도 없고, 주인공과 그가 바라보는 대상을 중심으로 모든 것이 이루어지며, 이를 통해서 마치 함순이 주인공을 위해 만들어지고 있는 그대로의 세상을 묘사하는 것만 같습니다. 온 세상이 '현재'가 되고 온 세상이 '당장 여기'가 되면서 극적인 줄거리를 완전히 무용지물로 만드는데요, 이것은 현재의 강력함이 모든 것을 중요하면서도 흥미롭게 만들기 때문입니다. 반면, 쿤데라는 전지적 작가 시점에서 흡사 인형극에서처럼 커다란 거리감을 유지하면서 자신이 원하는 대로 다양한 상황 속에 인물들을 배치하는 가운데, 리얼리즘이라는 환상은 계속해서 파괴시켜 나갑니다. 쿤데라는 관념을 다룬 작가이며, 상부구조의 대가이고, 에세이 작가로서 특히 동시대 서간문에 있어서는 독보적인 작가입니다. 내가 쿤데라의 형식과 문학 접근법에서 본능적으로 거리를 둔 것은 나의 독서 경험에서는 공감 능력이 대단히 중요한 부분을 차지했기 때문입니다. 부분적으로는 나 스스로가 세상과 아주 격리되었던 탓이라고 생각합니다만, 나는 단 한 번도 세상에 제대로 속했던 적도 없고, 이는 세상으로부터 나 자신을 보호함으로써 혜택을 받았기 때문이겠지만 아무튼 이러한 방어적 입장에서 벗어난 적도 없었는데요, 문학에서는 세상 속으로 들어갈 방법을 찾았던 것입니다. 바로 이 때문에 언제든지 나는 문학 속에서 존재감과 밀착감을 추구합니다.

나는 지금도 여전히 《굶주림》을 탁월한 소설이라고 평가하고, 여러모로 조이스의 작품을 능가한다고 믿습니다만, 이 작품의 형식에서 내가 얻은 교훈은 아주 간단합니다. 인생 자체는 예측이 불가능하며 긴장감과 견딜 수 없을 지경의 격렬함으로 가득한 동시에 언제 무슨 일이라도 일어날 수 있지만, 우리가 각종 추론과 사전 지식에 바탕을 둔 채 인생에 대해 거는 기대는 마치 고전 소설이나 영화 속에서의 줄거리 구조나 인물 구성이기라도 한 듯 우리의 일상에서 흥미를 앗아간다는 점입니다. 우리는 취약한 존재가 아니며, 우리는 안전하며, 또한 우리는 믿음직스럽고 예측 가능한 공간에 산다는 것입니다. 소설이나 영화며, 뉴스나 각종 보도는 이것을 확인시킴으로써 우리를 보호해 준다는 것이지요.

어느 시점에서인가, 내가 처해 있던 현실과 내가 쓰고 있던 작품 사이의 불일치가 결국 내가 실패를 인정하고 무언가 새로운 것을 시도하게 만들었습니다. 나는 현실에 가까이 다가서고 싶었고, 당시에 내가 가장 호감을 느꼈던 장르는 일기였습니다. 만일 일기 속의 자아를 향한 밀착감과 성찰욕을 사실주의적이면서도 점진적인 소설과 결합시킨다면 어떨까 싶었습니다. 그때 내가 세운 규칙은 극단적일 만큼 간단했습니다. 실제로 일어났던 일만을 쓰되, 연구나 조사를 통한 다른 서술에 따라 내 기억을 수정하지 않고 오로지 기억나는 대로만 쓰겠다는 것이었습니다. 그리고 매일매일 일정량을 써야 했고, 처음에 다섯 장으로 시작해서 중간에 열 장으로 늘렸다가 후반부로 가면서는 스무 장까지도 늘렸습니다. 이런 방식을 적용하자면, 생각하고 계획하고 계산할 시간이라고는 전혀 없이 눈 앞의 화면에 무엇이든지 떠오르는 대로 따라가야만 했습니다. 이 방식은 내가 나 자신에 대한 글을 쓰기로 결정했기 때문에 만들어졌습니다. 우리는 그 어떤 주제보다도 우리 자신에 대해서 많이 알고 있기 때문에, 기존에 알고 있던 모습을 회피하고 그 대신에 우리의 자의식과 자아상 아래에 놓인 복잡다단함을 찾는 것이 중요하다고 여겨졌습니다. 이는 우리의 생각과 감정이 다른 이들에게 어떻게 받아들여질지, 어떻게 보일지, 내가 이런 일들을 생각하고 느낀다면 나는 과연 누구인지 등을 생각하지 않을 때에만 접근할 수 있습니다.

이 형식은 '나'가 '우리'와 얼마나 밀접하게 뒤얽혀있는지, 언어와 문화와 집단적인 관념이 과연 우리를 어떻게 관통하고 있는지, 즉 우리 각자의 가장 큰 비밀이나 혼자만의 감정조차도 얼마나 보편적인지를 들여다 볼 수 있게 만들었습니다. 책을 쓰기 전에는 미처 몰랐고 책을 쓰기 시작했을 때만 해도 기대조차 하지 못했던 일이 일어났습니다. 당시의 내 생각은 극히 사적인 문제들을 쓰겠다는 것이었고, 그것은 단지 나 자신의 것만을 의미했지만, 내가 선택한 형식이 나에게 말하게 만든 것은 결국 정반대의 결과를 낳았습니다.

마침내 《나의 투쟁My Struggle》이라는 제목이 붙여지고 여섯 권으로 늘어난 이 책을 통해서 내가 원했던 것은 세상에 대한 나 자신의 관념을 약화시킴으로써 그로 인해 억눌려 있었던 다른 모든 것이 수면 위로 떠오르게 만드는 것이었습니다. 이를 성취할 수 있는 유일한 길은 왕으로서의 내 지위를 문학에, 즉 바꿔 말하자면 글쓰기와 글을 쓰는 형식에 양위하는 것이었습니다.

그것은 바로 이 에세이를 쓰면서도 적용했던 방법론입니다. 나는 지난 삼십 년간 글을 쓰면서 살아왔고 그중에서도 이십 년을 전업 작가로서 살았습니다. 요컨대 나는 성인으로서의 삶을 모두 바쳐 글을 써 왔습니다. 이는 내가, 글을 쓴다는 것이 무엇인지, 그리고 내가 왜 글을 쓰는지에 대해 꽤나 많이 알고 있다는 것도 뜻합니다. 하지만 이같이 많이 알고 있음에도 불구하고 나는 무슨 말을 해야 할지를 모른 채, 혹은 오히려 어떻게 말해야 할지를 모른 채로 사흘 내내 컴퓨터 앞에 앉아 있었던 것입니다. 그리고 질문의 단순함이 위험천만하다고 쓰면서 글을 시작하자마자 내가 소재를 다룰 경로가 특정한 한 방향으로 잡히면서 다른 모든 가능한 경로는 다 차단되었고, 그래서 지금 쓰고 있는 바로 이것만을 쓸 수 있게 되었습니다. 그 어떤 다른 길도 아니고 오로지 이 길만이 접근 가능해진 것입니다. 아마도 이보다 훨씬 중요한 사실은, 나는 여전히 앞에 무엇이 놓였는지, 무슨 말을 해야 할지, 이 에세이가 어디로 향하고 있는지를 모른다는 것입니다.

이는 내가 무심코 글에 다가서야 하거나 혹은 글이 나를 그렇게 찾아와 주어야 하기 때문입니다. 무언가를 안다는 것과 그것에 대해서 쓴다는 것은 별개의 문제이고, 앎은 쓰는 데 방해가 될 때가 더 많습니다. 일찍이 에즈라 파운드Ezra Pound는 "새롭게 만들라Make it new"라고 말했습니다. 우리가 아는 모든 것을 떨쳐버리고 무방비와 무지의 상태에서 보는 것 말고 달리 무슨 방법이 더 있을까요?

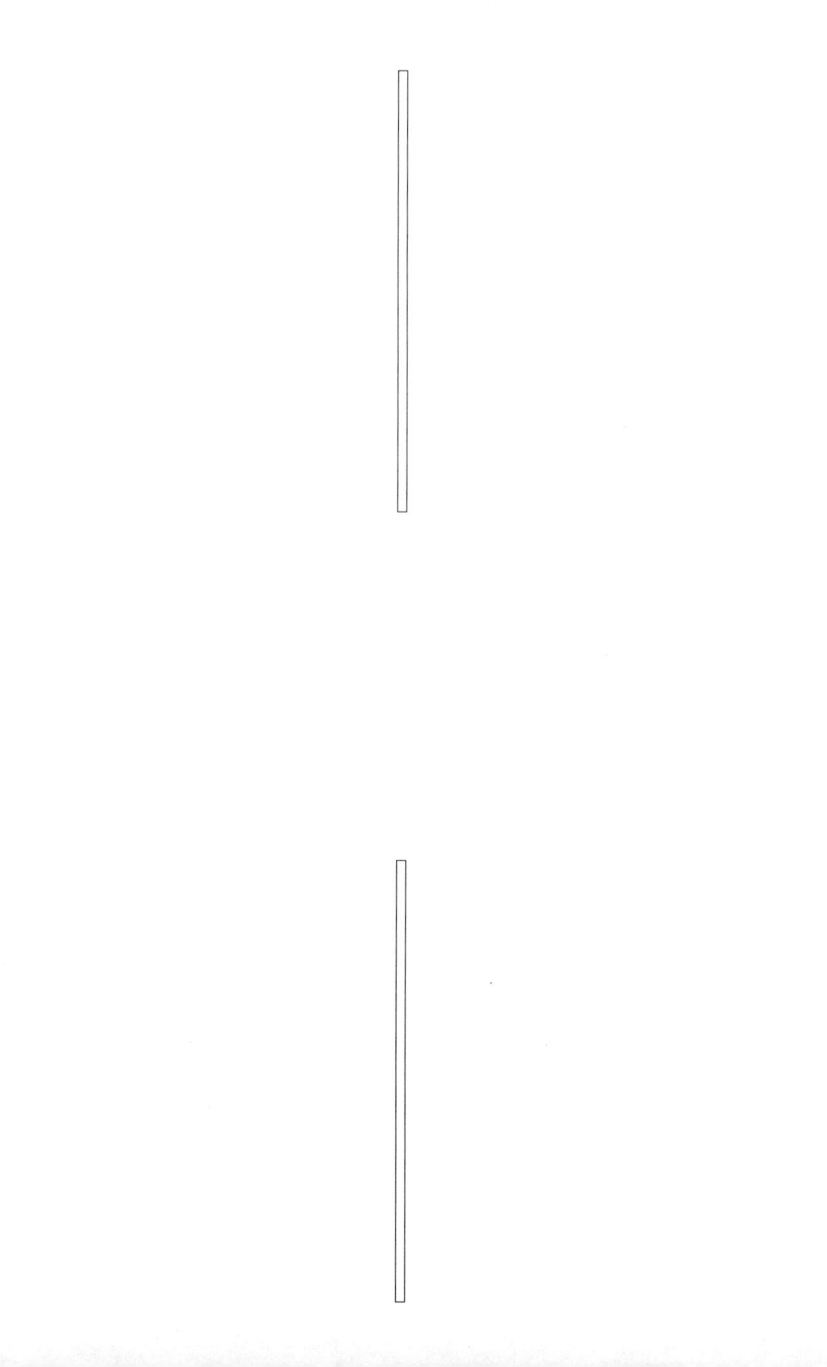

물론, 이 에세이가 이렇게 머뭇거리고 뭉그적거리는 이유는 내가 왜 글을 쓰는지, 혹은 쓴다는 것이 무엇인지를 잘 몰라서입니다. 하지만 솔직히 말하자면 나는 그 누구도 제대로, 적어도 충분히 설명될 수 있는 방법으로는 그 대답을 알고 있다고 생각하지 않습니다. 우리는 글을 쓸 때 과연 누구를 대상으로 삼습니까? 형식 때문에 내 글 속의 '나'가 나 자신에게도 낯설게 여겨진다면 내 글 속의 나는 도대체 누구입니까? 글을 쓰는 동안에는 정말이지 심각하고 왕성한 지적 사고를 하고 있더라도 마치 모든 생각이 죄다 사라진 것만 같은데 그건 어째서일까요? 종이 위의 검은 표식에 불과한 문자만으로 이루어진 글 안에서 감정이란 대체 무엇이란 말입니까?

반면에, 예를 들어 손에 쥔 돌덩어리가 대충 얼마나 무거운지 (종이 반죽으로 빚어 만들어서 너무 가벼운 돌이라면 물론 당장 눈치챌 수 있지요) 혹은 누군가를 사랑한다는 것(이 경우에는 왜라는 질문에 대한 대답은 그 느낌에 대한 대답만큼은 도무지 설득력이 있을 수 없겠습니다만)을 '안다'고 할 때처럼, 나도 내가 왜 글을 쓰는지, 그리고 글을 쓴다는 것이 무엇인지 알고 있습니다. 그것을 파악하는데 가장 가까이 다가갔던 작가는 레프 톨스토이Leo Tolstoy이며, 내가 그 어떤 책보다도 좋아하는 그의 1869년 걸작 《전쟁과 평화War and Peace》 중에서도 바로 로스토프 일가의 저택에서 딸 나타샤가 안드레이 공작의 청혼을 받던 장면 속에서 갑자기 표출됩니다.

"만찬이 끝난 후, 나타샤는 안드레이 공작의 청을 받고 클라비코드로 다가가서 노래를 부르기 시작했다. 안드레이 공작은 창가에 서서 다른 여성들과 이야기를 나누면서 그녀의 노래에 귀를 기울였다. 그는 이야기를 하다가 말고 별안간 눈물로 목이 메는 것을 느꼈다. 자신에게는 절대 일어날 수 없다고 여겼던 일이다. 그는 노래를 부르고 있는 나타샤를 바라보았고 낯설면서도 행복한 무언가로 마음이 뒤흔들렸다. 그는 행복한 동시에 슬픔을 느꼈다. 눈물을 흘릴 만한 일이라고는 아무 일도 없었지만 당장이라도 울음이 터질 것만 같았다. 무엇 때문일까? 옛사랑 때문일까? 아니라면 공작 부인 때문에? 혹은 자기 환멸이었을까? …미래를 향한 희망에서였을까?

…그렇기도 했지만 아니기도 했다. 무엇보다도 그의 내면에 자리 잡고 있던 광대하고도 무한한 무언가에 비해서 자신은 물론 그녀마저도 제한적이며 물질적이라는 끔찍한 차이가 생생하면서도 갑작스레 느껴졌기 때문이었다. 그녀가 노래를 부르는 동안, 이같은 차이는 그를 묵직하게 짓눌러왔지만 동시에 위로해 주기도 했다."

나는, 우리가 우리 내면에 자리잡은 무한성에 반해 한계를 지닌 세속적인 존재라는 바로 이 모순이 모든 문학과 모든 예술 뒤에 자리한 원동력이라고 믿으며, 뿐만 아니라 그 차이를 없애고 모순을 유예하며 세상을 구분짓지 않고 그저 세상 가운데 존재하고자 하는 갈망 역시 모든 종교적인 수행에서 중요한 부분을 차지한다고 믿습니다.

화가 빈센트 반고흐만큼 내적인 무한함과 외적인 한계 사이의 갈등을 드러나면서도 치열하게 겪은 경우는 몹시 드뭅니다. 왜냐하면 처음에 그는 그 어떤 언어language도 갖추지 못했기 때문입니다. 그가 그림을 그리기 시작했던 스물여섯 살 무렵에는 어떻게 그려야 할지도 몰랐고, 어려서부터 그림이 쉽게 다가온 대다수의 다른 화가들과 같은 손재주도 없었으며, 사실처럼 그려내기 위한 구성 능력이나 색감과 같은 분명한 재능 또한 없었습니다. 고흐에게는 아무런 능력도 없었으며, 그가 그린 인물들은 보기 흉했고, 그가 묘사한 형태들은 거칠고 비뚤비뚤했으며, 그가 선택한 색상은 어둡고 확신이 결여되어 있어서 붓이 자신의 적이라도 되는 듯했고, 다른 작가들이 햇빛 찬란한 풀밭을 걸어가는 동안 자신은 어둠 속에서 힘겹게 늪을 헤쳐나가고 있기라도 한 것만 같았습니다. 그는 자신의 내면 세계와 바깥 세계를 소통시키려는 강한 의지에 이끌려 불타올랐지만, 저항이 너무나도 컸고, 자신이 접근할 수 있었던 언어로 그것을 표현하기에는 역부족이었습니다. 그러나 그의 의지는 맹목적이라고도 할 수 있을 만큼 엄청났고, 결국 조금씩 조금씩 거리를 좁혀 들어가서 처음 시작해서 마지막 작품을 완성할 무렵까지의 불과 십 년 사이에 단순하면서도 풍부하고 어지럽도록 강렬하면서도 또한 무관심할 수가 없을 정도로 실존적인 갈망으로 가득 찬 그림들을 그려 냈습니다. 고흐는 자신 안의 무한함을 위한 것이 아니라, 외부 세상의 한계성을 극복하기 위해서 무한함을 갈망하기 위한 언어를 발굴했고 결국 그것과 하나가 되었습니다. 바로 이것이 내가 고흐의 말년 작품을 볼 때마다 받는 느낌인데, 특히 어두운 하늘 아래로 푸른 밭을 표현한 작품이 그렇습니다. 이 작품에서는 존재한다는 것에 관한, 즉 이 세상에 속한다는 것에 관한 커다란 기쁨이 느껴지는데요, 마치 영혼이 들어올려져서는 내가 더 이상 나 자신이 아니라 바로 이 영혼의 움직임인 것만 같아지고, 마침내 슬픔이 찾아들지만 압도적이라기 보다는 그냥 바늘로 콕콕 찔러대는 듯한 슬픔일 뿐이며, 바로 이런 느낌은 여기 고흐의 그림 앞에서만 가능하다는 것을 깨닫게 되는 동시에, 이 모두가 고흐가 성취한 성과이지만 이 작품을 감상하는 사람들도 모두 함께 누리게 되면서 의미의 광대한 결합이 일어나게 되었다가는, 곧이어 우리의 습관적이면서도 낡고 닳은 데다가 종종 거북한 생각들 속으로 빠져 들어가면서, 결국에는 일상 생활에 완전히 장악당하고 말게 됩니다.

일상적인 세계 속에서도 승화라거나 의미의 급격한 함축이 일어나기는 합니다. 바로 어제, 아이들을 데리러 학교로 차를 몰고 나섰을 때입니다. 순식간에 하늘이 까맣게 변하더니 잿빛 구름 아래로 수백 마리의 갈가마귀 떼가 모여들어 느릿느릿 구불구불거리며 커다란 대형을 이루고 있었는데, 또한 동시에 갈가마귀 한 마리 한 마리가 각각 날개짓을 하며 그 거친 소리를 까악 까악 까악하고 내뱉는 것 역시 선명하게 눈에 들어왔습니다. 바로 그때 내가 받은 느낌은 지금, 여기에 그들과 함께 있다는 단순한 사실에 대한 충격과도 같은 기쁨이었습니다. 존재하는 다른 모든 것과 내가 함께 존재한다는 바로 그런 기쁨이었습니다. 이런 광경을 볼 때면, 혹은 같은 생각을 불러일으키는 회화 작품을 볼 때면, 나는 쓰고 싶다는 충동을 느낍니다. 마치 이를 위한 분출구를 찾아야 한다는 듯이, 또는 마치 이를 표현해 낼 형식을 찾아야 한다는 듯이 말입니다. 그 자체만으로는 별로 의미가 없을 경험을 쓰고 싶다는 것이 아니라, 내게 승화를 경험시켜 주는 세계에 머무르고 싶다는 갈망을 글로 옮기고 싶은 것입니다. 혹은 그 세계를 열고 싶어서입니다. 네, 그렇습니다. 나는 그 세계를 열고 싶어서 글을 씁니다. 하지만 내가 책상에 앉아서 컴퓨터를 켰을 때 곧장 그리로 갈 방법은 없습니다. 왜냐하면 언어도 형식도 각각 고유의 의미를 지니며, 내 안에서 나에게는 그렇게나 확실하고, 그렇게나 선명하게 빛나며, 단순하면서도 그렇게나 가까이 있는 듯 하던 것이 내가 막상 글을 쓰기 시작하면 더이상 가깝지도 않고, 더이상 내 것도 아니며, 언어와 형식이 각각

따로 지니고 있던 의미로 인해 거리가 생겨나면서 뭔가 다른 것으로 바뀌어서는, 결국 최선의 경우라면 그런 경험을 의미하긴 하되 그 자체로는 그 경험을 포함하고 있지 않은 글로, 최악의 경우라면 자신의 감정도 다스릴 줄 모르는 남자가 쓴 가식으로 가득 찬 글로 만들어 버리는 것입니다.

나는 여기까지 쓰고 나서 잠시 휴식을 취하면서 전화로 신문 기사들을 읽어 내려가기 시작했습니다. 그중에 내 책을 다룬 영국의 일간지 《가디언The Guardian》의 기사 제목도 있었습니다. 나는 절대로 서평을 읽지 않기 때문에 이 기사 역시 읽지 않았지만 제목만으로도 이미 내용은 충분히 짐작이 갔습니다. 〈감상적이고, 진부하며, 반복적Sentimental, cliché, repetition〉이라는 제목이었습니다. 나는 미처 방어할 시간이나 기회도 없이 정통으로 한 대 얻어맞은 것만 같았습니다. 곧이어 학교에서 아이들을 데려오고 저녁으로 주문한 배달 음식을 찾아온 뒤, 오늘 일을 머릿속에서 지워내고 개운하게 다시 글을 쓸 겸해서 잠을 한 시간 자고 일어나서, 다시 한 번 전화로 뉴스를 읽어내려가기 시작했습니다. 이번에는 다 괜찮겠거니 하는 마음으로 노르웨이 뉴스만 읽었지만, 영국에서의 서평은 이미 노르웨이에서도 뉴스거리가 되어 있었고, 〈크나우스고르, 영국에서 맹비난당하다: "이 책은 쓰레기 더미"〉라는 제목 하나가 갑자기 내 눈앞에서 번쩍거리고 있었습니다.

내가 이 이야기를 털어놓는 이유는, 비록 항상 이런 생각들을 밀어내고 있다고는 해도 나 스스로가 내 글을 어떻게 바라보는지를 확인시켜 주기 때문인데, 만일 내가 조금이라도 틈을 보인다면 이 생각들은 내 글을 온통 마비시키고 내 자신감을 뭉개버리며, 나의 무너진 자신감을 회복시키는 유일한 방법이 있다면, 의문의 여지 없이 훌륭하고 치밀하게 고려되어서 아무것도 드러나지는 않더라도 여전히 발견될 수는 있을 그런 글을 쓰는 것밖에 없습니다. 이 경험은 내가 앞에서 써 놓은 모든 것에 전혀 다른 조명을 비춥니다. 나는 대체 무슨 권리로 뭉크와 고흐를 언급하고 있습니까? 고슴도치를 소설 창작과 비교하다니 말이나 됩니까? 내 글이 그렇게 형편없는데 내가 왜 글을 쓰는지에 대해 떠드는 걸 도무지 왜 듣고 있어야 한다는 말입니까?

하지만 내가 이 경험까지도 이야기하는 이유는, 내 책이 공공의 영역에서 어떻게 해석되고 토론되는지 즉 어떤 평가를 받는지는 그 반응이 긍정적이냐 부정적이냐를 떠나서 작가로서의 내 정체성에 결정적이며, 그래서 무엇을 쓸 수 있는지에 영향을 미칠 여러 요소들 가운데 하나일 뿐만 아니라, 내가 글을 쓰는 동기에 있어서도 아주 중요한 부분을 차지하기 때문입니다. 결코 자랑스러운 동기도 아니고 오히려 가치도 없을뿐더러, 내 생각으로는 복수나, 보복이나, 명예나, 보상을 갈구하는 자기 주장을 바탕에 깔고 있기 때문에 이렇게 털어놓는 것이 쉽지만은 않습니다. 그러나 주어진 질문에 솔직하게 대답을 하자면, 이 역시 포함시켜야만 합니다.

처음 작가가 되겠다는 생각을 하고 나서 본격적으로 문학에 입문했을 때의 내 나이는 열여덟 살이었습니다. 내가 왜 글을 쓰고 싶었는지는 다 잊어버렸지만, 다만 할 수 있을 것 같았고 큰 무리수 같지는 않았다고 기억합니다. 나는 노르웨이 최북단 바닷가의 작은 마을에서 교사로 취직했는데 아는 사람이 아무도 없는 곳이라 글을 쓸 시간이 많지 않을까 하는 생각에서였습니다. 실제로 꼭 그렇지만은 않았지만 어쨌든 한 달에 단편 소설 하나 꼴로 글을 썼습니다. 주로 어린 시절의 경험에 관해서였고, 위압적이고 두려운 인물로 나의 아버지가 등장했습니다. 따라서 그런 감정들을 극복하려고 했던 것도 글을 쓰게 된 동기로 작용했던 것이 틀림없습니다.

하지만 보다 더 중요한 것은 이러한 글을 쓰는 것이 나를 어떤 사람으로 변화시켰나에 있습니다. 새로운 단편 소설을 완성한 뒤에는 아는 사람들 모두에게 복사본을 보냈고, 며칠 동안 이들의 반응을 기다렸습니다. 나는 두드러지고 싶었고, 작가가 됨으로써 따라오는 인정을 받고 싶었고, 작가가 됨으로써 내가 특별한 사람임을, 내가 출중하다는 것을, 내 작품이 여느 평범한 중학교 교사나 기자의 글이 아니라 좀 더 중요한 작가로서나 예술가로서의 글로 특별한 가치를 지닌다는 것을 보여주고 싶었습니다. 나는 그렇게 꿈꾸었고, 그것은 내가 어렸을 때 축구 선수나 인기 가수가 되고 싶다고 꿈꾼 것과 다를 데가 없었습니다. 흡사 나는 아무런 가치가 없는 사람인 듯, 다른 사람들이 존경할 만한 일을 해야만 무슨 가치라도 있는 사람이 될 수 있다는 식이었습니다.

그해를 보내고 난 뒤 한 문예 창작 프로그램에 합격했고, 단 열 명의 학생만을 뽑았던 그 과정에 들어갔을 때 나는 이미 나 자신을 작가라고 여기고 있었습니다. 물론 내 희망은 벽에 부딪혔고, 내가 쓴 글들은 죄다 갈기갈기 찢겨 나갔으며, 프로그램을 마칠 무렵에 이르자 작가로서의 내 자존심은 만신창이가 되어 있었습니다. 나는 어쨌거나 계속해서 글을 썼고, 일 년에 한두 편의 단편 소설을 짜 냈지만, 내가 쓴 그 어느 글도 쓰겠다는 내 의지를 합리화시켜 주지는 못했습니다. 왜냐하면, 내 단편 소설들은 단지 형편없었을 뿐만 아니라 사실상 무의미했기 때문입니다. 밀어도 꿈쩍도 않는 의지만 빈껍데기처럼 달랑 남은 상태에서 그 어떤 일보다도 열심히 계속해서 글을 썼지만, 그건 작가가 되겠다고 온통 떠벌려놓고 나서 실패하고 말았다는 것이 너무도 수치스러웠기 때문이었던 것 같습니다.

사람들이 그런 나를 두고 자기기만에 빠진 얼간이라고 수군대리라는 것은 다들 알고 있었습니다. 사실, 나는 바로 그런 사람이었습니다. 내 마음 속 깊은 곳에서는 내가 작가도, 예술가도 아니라는 사실과 나한테 그럴만한 재능이 없음을 알고 있었습니다. 어떻게든 끈질기게 노력했다는 사실 자체가 때때로 극심한 수치심과 절망감 속으로 빠져들게 만들었습니다. 내가 자존심을 지키려고 스스로에게 했던 거짓말임이 너무나도 뻔했기 때문입니다. 나는 내가 글을 못 쓴다는 것을 알고 있었지만 내가 이것을 모르고 있다고 나 자신을 기만했고, 이것은 일기장에다 영국 시인의 시를 써 놓고 마치 내가 쓴 것처럼 행세했던 열두 살 무렵과 같은 수법이었던 것입니다. 나 스스로에게, 그것도 내 일기장에서 말이지요!

그리고 다음 문장 역시 마찬가지 경우라 하겠습니다. '나는 작가가 되고 싶었기 때문에 글을 썼고, 내가 작가가 되고 싶었던 것은 작가가 되면 다른 사람들 눈에 근사해 보일 것 같아서였으며, 동시에 나는 내게 재능이 없다는 것을 확실히 알고 있었고, 가끔씩은 부끄러움을 무릅쓰고 스스로 이 사실을 최대한 받아들였습니다.'

그 무렵 좋은 친구 하나를 사귀었는데 에스펜 스투엘란Espen Stueland 이라는 이름의, 시를 쓰는 친구였습니다. 비범한 재능에다가 교육까지 잘 받았던 그는 스물세 살에 시집을 내면서 등단했습니다. 나는 바로 그와 같은 조건을 갖추어야만 한다는 것을 깨달았습니다. 그 친구는 일개 작가가 아니라 시인이었고, 그건 내 눈에는 대단한 성취였습니다. 우리가 처음 만났을 때 열아홉 살이었던 친구는 나한테는 완전히 동떨어지게 여겨졌던 군나르 에켈뢰브Gunnar Ekelöf며 파울 첼란Paul Celan의 현대시를 읽고 있었고, 베케트Samuel Beckett와 클로드 시몽Claude Simon을 읽었으며, 벽에는 에디트 쇠데르그란Edith Södergran의 사진을 붙여놓고 있었고, 쓰레기로 버려진 물건들을 주워다가 쓰는가 하면, 체스를 즐겼고, 과민한 에너지를 지닌 친구였는데, 어떤 책을 읽어도 열정적으로 파고들어서 읽어내는 것에 그 에너지를 썼습니다.

그 친구는 자신이 뭘 좋아하는지를 안다는 사실만으로도 깊은 인상을 받았습니다. 나는 그저 좋아하라고 배운 것들만을 좋아하고 있었던 것입니다. 나는 경쟁심으로 몸부림쳤고, 《율리시스》에 대해서 논문을 쓰는 것이 내 입지를 다져줄 것이라는, 또 조이스의 후광이 조금쯤은 내게도 미치리라는 생각에서 행동으로 옮겼습니다. 나는 투르 울벤Tor Ulven과 울레 로베트 수네Ole Robert Sunde가 노르웨이 작가들 중 가장 수준 높은 작가라는 것을 알고 있었고, 그래서 그 때문에 그들의 책을 읽었고, 비록 그 당시에는 와 닿지 않았음에도 그들의 작품을 좋아했던 것입니다. 반면에, 에스펜은 이미 작가였고, 지식에 굶주렸던 만큼이나 타협하지 않는 참된 작가였으며, 우리 사이의 격차는 너무도 커서 그와 함께 시간을 보내고 있을 때면 나는 작가는 커녕 고작 평범한 사람이라는 확신을 재각인시켜야만 했습니다. 한편, 또한 동시에 그 친구의 뜨거운 열정이 내 스스로의 독서에도 불을 당겼고 내가 평생 책을 읽도록 불을 지폈습니다.

언젠가 우리가 프라하에 함께 갔을 때입니다. 나는 그가 보는 것을 보고 그가 경험하는 것을 경험하려고 애를 썼는데, 둘이서 어떤 교회에 들어갔다가 그가 의자에 가만히 앉아 있었던 그날 오후의 일입니다. 내가 내심으로 위축이 되고 말았던 것은 이 친구가 눈을 감고 한참 동안을 잠자코 앉아있었기 때문이었습니다. 나는 그가 종교적이거나 예술적인 경험을 하고 있다고, 나 또한 함께 있었던 바로 그 방에 있던 무언가가 그를 황홀경이나 깊은 명상 속으로 빠져들게 만들었다고 확신했습니다. 다시 거리로 나와서 어두컴컴한 교회에서 나온 뒤라 더욱 눈부시게 느껴지던 햇빛 속을 나란히 걸었을 때만 해도 나는 교회 안에서 그가 무엇을 경험했는지 도저히 물어볼 수가 없었습니다. 만일 내가 생각했던 대로라면 그 친구의 세계는 나의 세계보다 훨씬 차원이 높고 성스러운 데다가 보다 진실하다는 것을 단번에 확인하는 셈이었기 때문이었습니다. 마침내 용기를 내고는, "교회 안에서 눈을 감고 있는 걸 봤는데, 명상이

나 뭐 그런 걸 한 거야?"라고 짐짓 대수롭지 않다는 듯이 물었습니다. "아니야, 그만 깜빡 졸았나봐." 하고 친구가 대답했습니다.

지금에 와서는 코믹하게 느껴지기도 하지만, 당시에는 전혀 그렇지가 않았고 나에게는 엄청나게 심각한 문제였습니다. 나 자신은 작가가 아닐뿐더러 그런 소양조차 갖추지 못했지만 마치 그런 양 믿도록 스스로를 속여왔다는 것이 깊게 각인되었습니다. 나는 나를 속이고 있었고, 나에 관한 그 무엇도 진실하지 않았습니다.

그래도 나는 여전히 계속해서 글을 써 나갔습니다. 에스펜을 만나기 전 여름에 썼던 장편 소설은 출판을 거절당했고, 이듬해 가을 무렵에 새로운 장편 소설을 쓰기 시작했습니다. 그해 늦겨울 즈음 에스펜에게 그 원고를 보여주었습니다. 그는 원고를 읽고 나더니, 산책을 하면서 책에 관한 이야기를 나누자고 했습니다. 그와 함께 어느 웅장한 저택의 정원을 지나서 도시 외곽에 있던 병원을 향해 언덕길을 걸어 올라가고 있었을 때입니다. 모든 기억이 선명하게 남아있는 그날은 서늘하고 안개가 자욱한 날이었고, 우리는 각자 손을 주머니에 찔러 넣고 걸어가고 있었는데, 에스펜이 원고가 별로였다면서 그 원고는 그만 완전히 단념하라고 충고했습니다. 갑작스러운 얼음 폭풍처럼 불어닥쳤던 첫 충격이 가시고 나자, 나는 마음 속으로, 네가 뭘 아냐고, 너도 이해하지 못하는 걸 쓰는 엘리트 속물 주제에, 고작해야 단어들에나 불과하지, 대관절 어떤 놈들이 금요일 저녁에 집에서 혼자 체스나 하고 앉아 있겠냐, 그를 공격해대기 시작했습니다. 하지만 이런 생각을 하는 가운데도 그가 옳다는 것을 알고 있었고, 그날 저녁 그의 충고대로 원고를 벽난로에다 던져넣어 버렸습니다.

그 뒤로도 계속 글을 쓰긴 했지만 많이 쓰지는 않았고, 이듬해에 겨우 단편 소설 하나 정도를 완성한 뒤 다시 새해를 맞고 나서야 새로운 소설의 첫 삼십 페이지 정도를 썼던 것으로 기억합니다. 작가가 되겠다던, 써서 유명해지겠다던 내 의지는 체면을 잃게 되리라는 두려움으로 인해서 온통 부정적인 생각들로 휩싸이게 되고 말았습니다.

하지만 거기에는 또다른 무언가가 더 있었습니다. 단지 의지만이 아니라 갈망 또한 자리잡고 있었던 것입니다. 나는 내가 무엇을 갈망하는지는 몰랐지만 막연히 무언가 좋은 것이라고는 알고 있었는데, 무엇을 갈망하는지를 나 자신이 몰랐던 이유는 그것이 내 마음속 의식과 무의식 사이의 어딘가에 모호하고도 불명확한 감정 덩어리로 존재하고 있었기 때문입니다. 내가 썼던 글들은 이와는 아무런 상관이 없었고, 또한 나 자신과도 전혀 아무 상관이 없었습니다. 나는, 내가 모델로 삼았던 작가가 토마스 베른하르트Thomas Bernhard였건, 스웨덴의 문인이자 극작가였던 스티그 라손Stig Larsson이었건, 다만 내가 '문학은 이래야 한다'라고 생각하는 방식으로 글을 썼습니다. 그 글은 하나의 물체이자 구조물이었으며, 이것을 말하려고 이쪽 방향으로 밀 수도 있었고, 저것을 표현하려고 저쪽 방향으로 밀 수도 있었습니다. 중요했던 것은 적어도 문학처럼은 보였다는 점이고, 혹은 적어도 문학이 무엇인가에 대한 내 생각처럼은 보였다는 점입니다. 이러한 글에서 내게로 되돌아오는 것은 아무것도 없었으며, 내 글은 마치 생각도 없고 볼 수도 없는 작은 석상들인 것처럼 나와는 철저하게 분리되어 있었습니다.

그렇다면 갈망은 어디서 비롯되었을까요? 내가 갈망했던 것, 내가 뭔지는 몰랐지만 그래도 있는 줄은 알았던 그것은 과연 무엇이었을까요?

그 무렵의 내가 체면을 차리기 위한 어려운 책들만 읽은 것은 아니었고, 좋아하고 어린 시절처럼 숨어들어 갈 수 있는 책들 역시 읽었습니다. 이제야 드는 생각이지만, 그 책들은 내가 썼던 그 어떤 책보다도 나와 내 삶의 실체에 가까웠습니다. 예를 들어, 앙나르 뮈클레Agnar Mykle의 소설 《루나 부인을 둘러싼 올가미Lasso Round the Moon》나 《붉은 루비의 노래The Song of the Red Ruby》의 등장 인물인 아스크 불레푸트Ask Burlefot는 내게는 가족이나 친구들보다 더 가까운 존재였습니다. 나의 사회 관계 속에서는 온갖 것들이 다 장애물처럼 여겨졌고, 내 말과 행동은 늘 어정쩡했고, 항상 뭔가에 가로막힌 듯했고, 수치심과 낮은 자존심에다 엄청난 자의식까지 더해져서 주눅이 든 채로 말수가 별로 없었으며, 내게 말을 걸어오는 사람들도 거의 없었습니다. 반면, 뮈클레의 소설 속에서는 그 어떤 것도 금지되지 않은 채 모든 것이 열려 있었고, 그래서 주인공인 아스크 불레푸트가 비록 존재하지 않는 가공의 인물이었다고 해도 그에 관한 이야기는 잠재되어 있었을 내 속의 것들에 빗장을 풀었고, 그의 경험을 읽다 보면 나의 경험이 되었고, 또 내가 느낄 수 있을 줄 미처 몰랐던 감정들에 길을 터 주기도 했습니다. 남동생의 죽음을 슬퍼하던 것을 예로 들자면, 내가 어떻게 그렇게나 심하고도 오래 가는 상실감에 사로잡힐 수 있었을까요? 남동생도 없이, 가족의 죽음을 경험한 적도 없이, 게다가 그렇게 심한 슬픔은 겪어본 적도 없이 말입니다.

물론 어린 시절 내가 경험한 독서야말로 바로 이와 같은 문학적인 경험이었고, 내가 열여덟 살이 되면서 책을 읽는 것에서 글을 쓰는 것으로 그렇게 빨리 옮겨갈 수 있었던 것도 역시 이 경험 덕분이었습니다. 나는 모든 것이 사라지고 나 자신이 마치 세상 밖에 있는 듯 완전히 몰입된 상태인 바로 그 장소에 머물러 있고 싶었습니다. 독서는 각각의 책을 관문으로 삼아서 들어설 수 있는 평형 세계 속에서 다른 나라의 시민권자가 되는 것입니다. 나는 너무 쉽게, 또 너무 과하게 감정적이 되곤 하기 때문에 대개의 경우 감정이 늘 문제입니다만, 독서는 어떻게든 이런 감정들을 해소시켜 주었고, 동시에 새롭고도 낯선 감정들을 불러일으켰습니다. 어쩌면 나는 독서를 통해서 톨스토이가 표현했던 무한한 내면 세계를 탐색하고 또한 파악하고 있었는지도 모르겠습니다. 이 모두는 내 안에서만 일어났고, 나의 내면 세계는 급격히 팽창했지만, 내가 속한 세계는 아무것도 변하지 않은 상태로 그대로 유지되었습니다.

열아홉 살이 될 때까지는 이처럼 오로지 저 건너편 다른 세상에 머물고 싶다는 마음으로만 책을 읽었습니다. 나를 그곳으로 데려가는 것이 매클레인McLean이건, 스탕달Stendhal이건, 오로치 남작Baroness Orczy이건, 헤밍웨이Hemingway이건 상관없었습니다. 그러나 문예 창작 프로그램에 들어가고 나중에 대학교에서 문학을 전공하면서 이러한 독서 방식에 변화가 일어났습니다. 왜냐하면 문학이 무엇이고, 문학이 무엇을 할 수 있는지에 대한 지극히 다른 이해 방식을 만났기 때문이었습니다. 당시는 1980년대 후반과 90년대 초반으로 후기구조주의와 해체주의가 전성기를 이루고 있었고, 학계의 담론이 언어와 기호, 기표와 기의로 온통 장악당했던 시기입니다. 언어가 현실을 투명하게 전달하리라는 믿음은 어리석다고 여겨졌고, 저자가 과연 무엇을 의도했는지는 전혀 상관없었으며, 글text이 혹여 어떤 감정을 불러일으킨다 해도 이에는 아무도 질문을 던지거나 관심을 기울이지 않았습니다. 이러한 문학관은 문학의 가치가 서열화되었음을 의미했고, 시와 같이 짧고 비서사적인 형식이 최고의 자리를 차지했으며, 시 중에서도 의미를 많이 해체시킨 시일수록 더 높은 평가를 받았습니다. 횔덜린Hölderlin의 시는 이를 충족시켰던가 하면, 괴테Goethe의 시는 그렇지 못했습니다. 예를 들자면 이 관점에서는, 소설가로서는 포크너Faulkner가 헤밍웨이보다 훨씬 높은 평가를 받았습니다. 파울 첼란의 작품은 가장 이상적인 작품으로 간주되었습니다. 서사는 비서사에 비해 질적으로 수준이 낮다고 평가 받았으며, 따라서 만일 이와 같은 문학관을 질적 수준에 대한 도표로 시각화한다면, 왼쪽 맨끝은 뜨거운 칼로 버터를 자를 때처럼 아무런 저항도 일으키지 않고 독자가 미끄러지듯 빠져들어가게 서술되어서 한때는 삼류 소설을 뜻하는 펄프픽션으로 불렸지만 지금은 양장본으로 서점에서 팔리고 있고 모든 게 뻔하고 멈춰서서 생각할만한 것이라곤 전혀 없이 그 자체로는 일말의 가치도 없는 소설들이 자리를 차지합니다. 이 도표의 한가운데 쯤은 노르웨이에서는 소위 '북클럽 소설'로 불리우는 책들로 역시 광범위한 독자층을 대상으로 삼지만 내용에는 특별한 것이 거의 없이 재사용된 장면이나 이미지들로 가득한 책들이 차지할 것이고, 그나마 그럭저럭 괜찮은 소설 쪽으로 조금 옮겨가면 흔하고 대중 친화적인 부분은 제거되었다고 해도 여전히 독자들을 향해 하소연하고 있는 책들이 차지할 것이며, 마침내 오른쪽 맨끝으로 가면 대중적 저항은 높아지지만 현실에 대한 환상을 창출하기 위한 요소로 이해되는 서사는 약해지고 묘사 대상보다는 글이 어떻게 쓰였는지와 같이 작품 자체에 훨씬 비중을 둔 책들이 차지하게 될 것이며, 여기에 이르면 후기구조주의 문학 평론가들의 관심을 끌었던 조이스의 《피네건스 경야Finnegans Wake》나 말라르메Stéphane Mallarmé의 시와 같은 극단적인 작품들에서처럼 글이 독자를 향해 이야기하는, 이른바 소통communication은 무너져버리고 마는데, 이는 이들 작품 속의 '나'가 글을 분명히 통제하지 않은 채로 무의식unconscious이나 혹은 아마도 비의식nonconcious에 다가가면서 마치 언어가 끝내 극한에 닿았다가 결국 극한도 넘어서서 언어 너머의, 언어조차 없는 세계로 가 버린 것만 같습니다.

이렇게 개괄적이고도 기계적으로 설명하다 보면 이 도표가 몹시 터무니없는 것 같지만, 어쨌든 여기에 무언가 진실이 담겨있다고 치부하자면, '문학이 우리 모두가 공통적으로 가지고 있는 보편적인 인간성에 관한 것이 아니라면 대체 무엇인가'와 '문학이 다른 사람들에게 이야기하는 행위가 아니라면 과연 어떻게 유지될 것인가'라는 문제 의식만큼은 잘 드러내고 있다고 하겠습니다.

그러나 나로서는 가장 감수성이 예민했던 이십 대 초반에 이 체계를 받아들였기 때문에 영향을 깊게 받았고, 그야말로 그 영향은 너무나도 깊어서 지금도 나는 무슨 추궁이라도 받게 된다면 '문학적인 가치'라는 개념이 실제로 존재하는 개념이라는, 그리고 이 도표가 어느 정도는 제대로 보여주고 있다는 입장을 여전히 견지합니다. 첼란과 말라르메의 작품들은 내가 상상할 수 있는 최고의 문학적 표현을 상징합니다. 반면에, 작가로서의 나는 이와는 다른 이상을 추구하며, 언젠가는 젠더나 계급이나 문화를 떠나서 모든 사람에게 해당되거나 관련되기 때문에 정말 본질적이고도 중요해서 만인에게 읽히는 글을 쓸 수 있기를 열망합니다. 이들 두 이상은 극단적으로 모순되며, 문학의 가치에서 수신자로서의 독자를 배제시키는 것만 같습니다. '왜' 그리고 '어떻게' 이것이 가능할까요?

주변에서 꼭 보라고들 권해서 〈왕좌의 게임〉 에피소드 몇 편을 본 적이 있습니다. 에이치비오 방송국HBO TV의 드라마 시리즈물에 대해서 많은 사람들이 소설과 유사하다며 꽤 흥분했던 무렵이었습니다. 내가 본 에피소드들은 훌륭했고, 시나리오도 믿음직스러웠으며, 배우들의 기량도 뛰어나고, 액션 역시 한 회가 끝나자마자 바로 다음 회로 넘어갈 정도로 그리고 무슨 일이 일어났는지가 꼭 알고 싶어질 정도로 우리의 관심을 사로잡아서, 마치 줄거리에 무슨 최면이라도 걸렸거나 꿈이라도 꾸는 것만 같았는데요, 어느새인가 나도 모르게 시간이 흘러가서 새벽 한 시가 되어 있었던 것입니다. 보는 동안 내내 화면에서 일어나고 있는 내용에 반응하면서 온갖 감정에 휩싸였습니다. 기쁨과 슬픔, 흥분과 공포, 그 모두가 나한테 밀려 들어왔습니다. 하지만 마침내 잠자리에 들었을 땐 공허했고, 그것은 흡사 내가 어렸을 때 몇 시간씩 비디오 게임을 하고 났을 때처럼 불쾌한 감각이었습니다.

왜였을까요?

그 이유는 간단하다고 생각합니다. 우리가 예술에서 찾는 것은 의미입니다. 무언가 의미로운 것에는 의무감이 동반됩니다. 의무감에는 결과가 동반됩니다. 만약에 〈왕좌의 게임〉에서처럼 어린 아이가 높은 탑에서 떨어진다면 우리는 충격과 함께 슬픔과도 같은 고통을 느끼기는 하지만 바로 다음 순간 다 잊어버리고, 결국 줄거리가 진행되면서는 사실상 이야기가 매혹적이라는 점만이 중요하게 남습니다. 아이는 잊혀져 버립니다. 이 느낌에는 아무런 의무감도 없습니다.

만일 라스 폰트리어Lars von Trier 감독의 영화 〈안티크라이스트〉에서와 같이 부모가 섹스를 하느라고 신경을 쓰지 않는 바람에 어린 아이가 창문에서 떨어져서 죽는다면, 관객으로서의 우리는 결코 떨칠 수 없는 공포와 경악을 느낄 것입니다. 이는 영화가 우리를 놓아주지 않기 때문이며, 또한 대신에, 아직 우리 안에서 잠자코 있던 무언가를 깨뜨려서 여주인공의 죄가 우리 자신의 죄책감을 불러일으켜 그 결과를 고민하게 만들기 때문인데, 설사 화면에서 일어나고 있는 사건이 우리의 일상 속에서는 일어날 수가 없다고 해도 우리의 감정적인 삶 속에서는 일어날 수 있는 일이고, 바로 이 점이 영화가 계속해서 직면하면서 지속적으로 공격하는 지점이며, 바로 그렇기 때문에 전형적이면서도 낯선 이미지가 우리 자신 속의 넓디 넓은 공간을 열어내는 것처럼 느껴지는 것입니다. 이렇게 한동안, 즉 영화를 보는 동안이나 그 후 며칠 동안 혹은 몇 년이 지나서라도, 그 영화의 분위기나 이미지가 떠올라서 그 공간을 다시 경험하게 된다면, 우리 자신이나 우리의 삶이 의미 있고 소중하며 인생에서 중요한 모두와 연결되어 있다는 것을 깨닫게 될 뿐만 아니라 경우에 따라서는 그에 대한 의무감을 재확인하기도 합니다. 이것이 바로 예술의 역할이며, 이는 대단히 중요합니다. 그러나 이것은 여전히 환상에 불과하며, 우리의 감정은 상상력의 산물에 연결되어 있고, 이 의무감은 실제가 아니며 은유적일 뿐입니다.

만일 누군가가 정말 아이를 잃는다면, 그 비통함과 죄책감은 너무나도 커서 언제까지라도 제 자리에 남아있을 터이고, 그로부터 달아날 길은 전혀 없으며, 바로 그 감정과 일어난 사건에 평생 동안 꽁꽁 묶이고 맙니다. 그 감정은 어느 누구에게 전달할 수도, 옮길 수도, 팔아치울 수도 없으며, 죽을 때까지 그 누구도 아닌 바로 당사자에게만 호소하는 감정입니다. 그것이 바로 말라르메의 장시 〈아나톨을 위한 무덤A Tomb for Analtole〉이 다루는 문제입니다. 이 시에는 사건의 순서도 없고, 아무런 대상이나 소통 행위도 없지만, 마치 비통함이 암흑과 덧없음을 향해 말없이 다가가듯 이 시의 시어 역시 암흑과 덧없음을 향해 조용히 다가갑니다. 이 시를 읽을 때에는 드라마 같은 느낌도 없고, 슬픔이나 갑작스런 놀라움이 터져나오지도 않습니다. 이 시는 감정을 전달하는 것이 아니라 감정 그 자체이며, 의미나 맥락이나 언어와는 별개입니다.

따라서, 그 당시의 나는 문학이란 무엇인가, 그리고 문학은 무엇을 해야 할 것인가에 관한 서로 상반되는 경험 사이에 갇혀 있었다고도 볼 수 있겠습니다. 한쪽은 감정 중심적이고 소박하면서도 공감 능력과 동일시에 기반했던 반면, 다른 쪽은 보다 지성적이고 언어 중심적이며 세련된 방식이었지만, 이런 관점에서는 전혀 생각해보지 않았습니다. 단지 내가 쓴 글들과 무관하다는 점만은 알고 있었습니다. 내가 읽었던 책들과는 분명히 관련성이 있었지만 이는 내가 쓴 글들과는 별도로 어딘가 다른 궤도에서 일어나는 듯했습니다.

당시 프랑스어에서 노르웨이어로 갓 번역되었던 프랑시스 퐁주Francis Ponge의 산문시들을 읽었습니다. 이 시들은 사물만을 다루었을 뿐 사람은 아무도 등장하지 않기 때문에 마치 말없는 물질적 세상에 목소리가 부여된 것만 같았습니다. 퐁주의 산문시는 문학이 해낼 수 있을 것이라고 나로서는 미처 생각도 하지 못했던 것을 성취해냈고, 나는 거의 모든 문장에 밑줄을 그어댔습니다.

미셸 푸코Michel Foucault의 《사물의 질서The Order of Things》도 읽었습니다. 이 책은 사물 그 자체에 관한 책이라기보다는 사물과 사물을 연결하는 것과 사물이 나타나는 시스템에 관한 책인데 시스템 자체는 언어나 표현 수단이 없지만 그럼에도 불구하고 우리에게 보이는 세상을 형성하는 데 있어서는 결정적인 역할을 합니다. 이 시스템은, 중세에는 중세 나름의 일정한 방식으로 기능했던가 하면 계몽시대에는 또 그 시대만의 다른 방식으로 기능하는 등 시대에 따라 변화하며 문화마다 제각기 다릅니다. 글을 쓰고 싶어하던 스무 살 남짓의 한 대학생이 이 책을 통해서 얻은 깨달음은, 우리가 살고 있는 현실은 그렇게도 궁극적이고 그렇게도 견고해 보이지만 실은 인위적이라는 점입니다. 즉 세상은 쉽사리 완전히 달라질 수도 있었다는 것입니다.

달리 표현하자면, 푸코가 관심을 기울였던 것은, 우리에게는 너무너무 익숙하고 당연한 나머지 보이지 않는, 우리가 우리 자신을 발견하는 '내면inside'이었습니다. 문화는 구성원 모두가 동의하는 방식으로 세계가 모습을 드러내는 공간space입니다. 우리는 시간이 년, 월, 주, 일, 시, 분, 초로 계량된다는 것에 동의합니다. 또한 무게는 킬로그램과 그램으로, 거리는 킬로미터와 미터와 센티미터로 측정된다고 동의합니다. 우리는 모든 사물이 우리가 원자라고 부르는 무언가로 이루어지며, 각각의 원자는 전자가 그 주변을 따라 도는 양자와 중성자로 이루어진 원자핵으로 구성되어 있다고 동의합니다. 우리는 모든 동물과 식물이 특정 종 및 특정 속에 속한다는 것과 생명이 바다에서 발생한 뒤 육지로 올라왔다는 것과 우주가 상상할 수 없는 고밀도의 한 점에서 기원한 뒤 우리가 빅뱅이라고 부르는 것으로 확장되었다는 것에 동의합니다. 외부 세계에 대한 이와 같은 구분은 우리에게는 너무도 당연해서, 우리는 이것을 현실 자체라고 받아들이며, 현실을 이해하고 설명하는 수단으로서나 혹은 세상이 모습을 드러내는 개념적인 프레임워크의 하나라고 여기지 않는 것입니다.

호르헤 루이스 보르헤스Jorge Luis Borges는 세상과 묘사된 세상 사이에 존재하기 때문에 우리에게는 보이지 않는 공간에서 그의 작품 세계를 펼치는 작가입니다. 그는 백과사전에 천착했는데, 물론 백과사전이야말로 현실에 대한 사실들을 알파벳순으로 나열한 목록에 다름없습니다. 그의 단편 소설 〈틀뢴, 우크바르, 오르비스 테르티우스Tlön, Uqbar, Orbis Tertius〉에서는, 어느 날 저녁 보르헤스 자신인 주인공이 역시 실재 인물인 친구 아돌포 비오이 카사레스Adolfo Bioy Casares와 문학을 토론하며 함께 앉아 있습니다. 이들 두 사람은, 일인칭 시점에서 소설을 쓰면서 사실을 생략하거나 왜곡시키는 가운데 몇몇 독자들은 이야기 뒤에 음흉하면서도 고리타분한 거짓이 숨어있다는 것을 알아차리게 허용할 방법을 두고 이야기를 나눕니다. 대화를 하던 중에 비오이 카사레스가 보르헤스로서는 한 번도 들어본 적이 없는 나라였던 우크바르를 언급합니다. 비오이 카사레스가 브리태니커 백과사전의 판본 한 군데에서 우크바르에 관한 항목을 읽었던 것인데, 그들이 함께 묵고 있던 집에 보관되어 있던 판본에서 이를 찾아보자 우크바르에 대한 언급이라고는 전혀 없습니다. 나중에 보르헤스는 모르는 나라만이 아니라 모르는 세계까지도 설명하고 있는 백과사전 한 권과 조우하게 됩니다. 그 세계가 바로 틀뢴입니다. 알고보니 과학자들과 학자들로 구성된 비밀 집단 하나가 세대를 이어가며 수 세기에 걸쳐서 지형과 생태와 역사로부터 철학과 종교와 심리학에 이르기까지, 건축과 예술과 언어학에서부터 신화와 문학에 이르기까지, 이 가공의 행성을 아주 자세하게 설명해 두었던 것입니다. 틀뢴에서 가장 눈에 띄는 특징은 이 세계를 지배하는 법칙들이 우리 세계와 다르게 이해된다는 점인데, 예를 들자면 우리가 세상을 이해하는 데 있어서는 그야말로 핵심인 '인과관계causality'라는 개념이 그 세계에서는 전혀 알려져 있지 않습니다. "수평선 위에 떠 있는 연기 구름을 인식하는 것에서, 그 다음에는 타오르는 벌판을 인식하고, 그 다음에는 화재를 가져온 미처 못 끈 담배들 인식하는 것은 관념들ideas이 서로 연상되는 일례이다."라고 보르헤스는 씁니다. 틀뢴의 세계관은 관념론적이며 따라서 그곳에 사는 사람들로서는 이단시되는 유물론을 전혀 이해할 수가 없습니다. 보르헤스가 이 환상적인 단편 소설을 통해서 그동안 철학사 속에서 세계를 다루어 왔던 독특한 사상들과 개념들 가운데서 한바탕 유희를 벌이고 있기 때문에 아예 전문을 통째로 옮기고 싶기까지 합니다만, 이 소설은 우리 세계와는 완전히 다르면서도 어느 정도는 불가능하지 않은 모종의 현실을 창조하고 있으며, 이들 세계의 차이는 물리적인 현실이 아닌 '인식perception'에 있고, 그가 소설의 후기에서 밝히듯이 인식은 현실에 점차 영향을 미치기 시작하다가 보르헤스 자신이 책상에 앉아서 책을 쓰고 있는 현실에까지도 관여하기 시작합니다. 즉, 틀뢴에 대한 문헌의 발견을 따라가면서 얻은 지식이 서서히 이곳 세계로 들어오기 시작하고, 틀뢴의 언어와 역사가 이곳 세계의 언어와 역사를 바꾸어 놓기 시작하고, 틀뢴의 사물들이 불가사의하게 보이기 시작하며, 지금까지의 자연 법칙에 어긋나는 속성들이 눈에 띄기 시작하는 것입니다. "거의 즉각적이다시피 현실이 한 번 이상 양보했다. 무엇보다도 현실이 양보하기를 갈망했다는 점이 진실이다. 불과 십 년 전에는 변증법적 유물론이나 반유대주의나 나치즘과 같은 질서 체제도 사람들의 정신을 사로잡기에 충분했다. 그런데 어떻게 우리가 틀뢴이라는 질서 정연한 행성에 대한 상세하면서도 다양한 증거에 복종하지 않을 수가 있을까?"라고 보르헤스는 씁니다.

〈틀뢴, 우크바르, 오르비스 테르티우스〉가 훌륭한 작품인 이유는 우리가 현실을 인식하는 것과 다른 방식으로 현실을 드러내기 때문만이 아니라, 현재 우리의 현실 인식 방식을 밖에서 들여다보게 만들기 때문이기도 합니다. 즉, 우리가 일개 비밀 결사 집단이 설명해 놓은 세상에 기본 전제를 둔 현실 속에서 살아가고 있다는 개념은 처음에 생각했던 것처럼 그렇게 극단적이지만은 않습니다. 만일 아이작 뉴턴, 칼 폰린네, 이마누엘 칸트, 찰스 다윈, 그레고어 멘델, 마리 퀴리, 지그문트 프로이트, 칼 마르크스, 알베르트 아인슈타인, 시몬 드 보부아르와 같은 인물들이 우리가 현실을 인식하고 이해하는 방식에 책을 통해서 영향력을 행사하고 심지어 세계관을 형성시키기까지 한 집단이 아니라고 한다면 도대체 그들은 누구란 말입니까. 만일 우리가 지난 수 세기에 걸쳐 뉴턴, 린네,

칸트, 다윈, 멘델, 퀴리, 프로이트, 마르크스, 아인슈타인, 보부아르를 비롯한 주류 저술가들의 통찰을 통해서 제공받아온 지식을 우리 문화에서 배제시킨다면, 우리의 사고만이 아닌 현실 자체가 바뀌어 버릴 것입니다. 그 세계는 우리가 성경과 교리에 의존해서 세계를 이해했던 16세기에 인식된 세계와 흡사한, 인간 존재에 대한 영향력이 신의 영역에 속해 있고 역사는 불과 수천 년에 지나지 않는 세계일 것입니다. 그러나 그 시대를 살았던 사람들 또한 모두가 동의한 방식으로 세계가 모습을 드러내었던 공간 속에서 살았다는 것인데, 그렇다면 문제는 과연 그들의 세계는 우리보다 진실하지 못한 세계였던가라는 것입니다.

우리는 과학을 믿고, 우리의 삶은 과학적인 세계관에 장악되어 있습니다. 그러나 설령 몸 속의 혈액 순환을 비롯해서 납작한 접시 모양으로 천천히 팽창하는 은하계에 이르기까지, 또는 불규칙한 운동으로 원자핵의 주위를 도는 전자구름을 비롯해서 우리의 유전자를 구성하는 생물학적 물질에서의 미세한 돌연변이나 치환에 이르기까지, 모든 물리적인 현실의 작동 원리가 측정되고 관찰될 수 있으며 보다 크고 일관된 논리적 시스템에 적용시킬 수 있다는 믿음이 진리에 관한 우리의 희망 사항을 충족시킨다손 치더라도, 우리가 어린 시절부터 스스로에게 물어 왔고 일상 속에서는 혹여 기피하더라도 우리 삶의 표면 아래로는 늘 깔려있는, 그리고 가끔씩 차고 맑은 가을날 저녁 차에서 내려 집으로 향하면서 별들을 올려다보면 떠올리지 않을 수 없는 궁극적인 질문들에 과학은 아무런 대답을 하지 못합니다. 세계란 무엇입니까? 이 세계라는 것은 과연 어디서 옵니까? 삶의 의미란 무엇인가요? 이 의미라는 것은 또 어디서 옵니까? 나는 누구입니까?

그 무엇보다도 중요할 이 질문들은 아무도 해답을 모르는 문제들입니다. 진실은 과학의 통찰력으로 닿을 수 없는 곳에 있으며, 이렇게 과학의 발전을 들여다 보자면 마치 몸을 굽혀 모자를 주우려다가 더 멀리 걷어차 버리고 마는 희극 속의 광대 같기만 합니다.

보르헤스와 푸코 모두 현실이 펼쳐지는 공간과 우리의 시선에 따라 그 현실이 어떻게 바뀌는지에 관심을 두었던 것이고, 따라서 이들 두 사람의 업적은 일종의 '소설적 기초 공사fictional groundwork'라고 비유할 수 있습니다. 왜냐하면 소설fiction이라는 장르 역시 세상이 시야에 들어오는 공간들을 구축하려고 하기 때문입니다. 내가 보르헤스나 푸코를 읽으면서, 이런 인식에서 바라보자면 세상 역시 일종의 허구fiction이기 때문에 문학이 사실상 세계를 바꿀 수도 있다는, 아니면 우리가 세계를 인식하는 방식을 바꿀 수도 있다는 식의 잠재적인 인식을 했다는 것은 아닙니다. 이들 작가가 내게 불러일으킨 통찰력은 그 당시에 내가 썼던 글에서는 전혀 나타나지 않은 채 어딘가 다른 궤도에 머물렀다가 무의식의 늪으로 곧장 가라앉아 버렸습니다. 나는 내가 읽거나 경험한 그 어떤 것도 문학으로 바꾸어놓지 못했습니다. 나는 스물다섯 살이었고 진심으로 작가가 되고 싶었지만 도무지 쓸 수가 없었습니다. 그래서 포기해 버렸습니다. 몇 년간 정신 병원에서 일하면서 글을 쓰기 위한 돈을 모아 왔지만 그제사 더이상 쓸 수가 없음을 깨달았고, 대학교로 돌아가서 이번에는 미술사를 전공하면서 열심히 노력했고, 학계에 남아서 궁극적으로는 교수가 될 수 있기를 꿈꾸었습니다.

그 무렵 역시 글을 쓰던 또 다른 친구 하나를 사귀었는데, 그도 작가가 되고 싶어했고, 그도 풋내기 시절에 원고를 받아준 출판사를 만났습니다. 그 친구의 이름은 투레 렌베르그Tore Renberg였고, 나는 그 친구가 내게 자신의 책이 나온다고 이야기하던 날을 또렷하게 기억합니다. 봄날이었던 그날, 우리는 학교 아래쪽으로 베르겐의 이 거리 저 거리를 걷고 있었는데, 마치 친구가 주먹으로 배를 강타하고 있는 것만 같이 느껴졌습니다. 몇 분 동안 모든 게 캄캄해진 가운데 부러움과 절망감으로 어쩔 줄을 몰랐고, 이 사건이 어떤 식으로든 내 운명을 결정지웠다고, 말하자면 나는 다시는 쓸 수 없을 것이고 아무것도 출판할 수 없으리라는 것이 이제는 엄연한 사실이 되었다고 확신했던 것입니다.

그해 여름, 나는 프루스트의 소설 《잃어버린 시간을 찾아서In Search of Lost Time》를 읽기 시작했습니다. 몇 해 전에 처음으로 노르웨이어로 번역되었고, 마침 전질이 출판된 뒤 이를 기념하는 할인 행사가 있어서 전질 구입을 감당할 수 있었습니다. 매일매일 베르겐의 옥외 카페에 앉아서 읽었고, 어려서 책을 읽을 때처럼 책 속으로 빠져들어갔습니다. 이 소설은 꼭 어떤 장소처럼 여겨져서 매일 아침 그 속으로 돌아가고 싶었습니다. 나는 책이 어떻게 쓰였는지를 곰곰히 생각하지도 않았고, 작가의 의도도 고려하지 않았으며, 그저 읽고, 읽고, 또 읽었습니다.

두 해가 지나고 나자, 비로소 글을 쓸 수 있었습니다. 당시 투레는 신예 작가들의 작품 선집 하나를 편집하고 있었는데, 내게도 하나를 내 보라고 권유했습니다. 나는 써서 팽개쳐 두었던 단편 소설 하나를 보냈습니다. 투레의 담당 편집자였던 게이르 굴릭센Geir

Gulliksen이 그 단편을 읽고 난 뒤 자신의 사무실로 나를 초대했고, 다른 글도 있느냐고 물었습니다. 아무것도 없었습니다. 그렇지만 그가 관심을 보였다는 단지 그 사실만으로도, 모든 것을 다 걸고, 학교마저 그만두고, 내가 십 대를 보냈던 노르웨이 남부 지방의 도시 크리스티안산으로 이사를 가서, 글을 쓰기 시작하는 데에는 충분했습니다. 뭘 쓰게 될지도, 어떤 책이 될지도 몰랐지만, 동네 도서관으로 가서 거기에 앉아서 주변의 대화를 엿들으며 대화 내용을 적어두었다가, 내 주인공을 크리스티안산으로 오게 만들어서 같은 대화를 엿듣게 만들었습니다. 나는 그의 말투를 나의 말투보다 조금 더 점잖게 만들었는데, 프랑스어 억양이 약간 묻어나면서도 문어체로 표현된 프루스트의 노르웨이어 번역판과 크게 다르지 않았으며, 이렇게 만들어낸 그와 나 사이의, 혹은 작품과 나 사이의 거리감으로 인해서 내가 써 놓은 나의 생각들은 어딘가 조금 다른 빛을 띠게 되었고, 이 미미한 낯섦이 그 다음에 따라오는 것을 보이지 않게 바꿔 놓아서, 어느새 나한테는 낯설고 내 통제를 벗어난 것처럼 느껴지는 동시에 또한 역시 내 것이며 내게서 나온 것으로도 느껴지게 만들었습니다. 독서와도 마찬가지로, 그야말로 정확하게 독서와 일치하는 감각입니다만, 나는 나 자신을 잃어버리고 미지의 것이면서도 익숙한 무언가로 들어갔습니다.

나는 바로 이것을 갈망해 왔습니다. 글을 쓴다는 것은 바로 이런 것입니다. 자신을 놓쳐버리는 것이면서도 자신을 이용하는 것이자, 자신의 일부가 자아의 통제를 벗어나는 것입니다. 그리고 나서 무언가 낯선 것이 내 앞에 놓인 페이지 위에 떠오르는 것을 바라보는 것입니다. 이들은 결코 해 본 적이 없는 생각들이며, 한 번도 본 적이 없는 이미지들입니다. 이들을 만들어낸 것은 다름 아닌 '형식'이며, 설사 내가 글에 쏟아넣은 것이 나 자신이고 내게 익숙한 것이라고 해도, 형식은 이를 바꾸어 놓았고, 그 변화 자체가 나에게 무언가 다른 것을 집어넣도록 요구했고, 또 그 결과 변모되었고, 따라서 나는 꼼짝도 않고도 나 자신으로부터 멀어지게 됩니다. 바로 이것이 책을 읽는 것과 똑같다는 것입니다. 그렇지 않습니까? 물론, 우리가 책을 읽을 때는 다른 목소리에 우리 스스로를 열고 그 목소리를 우리 자신의 것으로 바꾸기에, 우리가 느끼는 것들은 우리 자신의 두려움이나 열정이며 슬픔과 기쁨이라는 우리 자신의 감정이고, 또한 우리가 생각에 잠긴다면 그 생각 역시 우리 스스로가 행하는 우리 자신의 생각입니다만, 이 모두는 타자가 파악한 것일 뿐만 아니라 타자가 집대성한 것입니다. 바로 그렇습니다. 그래서 나는 우리의 자아가 실은 '이질적이고 낯선 것'과 '타자'로 이루어진 것이 아닌가 하고 가끔씩 생각하곤 합니다. 왜냐하면 우리가 생각을 행하는 언어 자체가 우리의 소유물이 아니며, 우리 밖에서 왔고, 우리가 태어나기 전에도 존재했고, 우리가 죽고 나서도 여전히 존재할 것이기 때문이며, 또한 우리가 언어를 통해서 사고하는 범주며 개념이나 세계관 역시 우리의 소유물이 아니기 때문입니다.

이 모두가 외부에서 옵니다. 그리고 나는 우리가 글을 쓸 때 일어나는 일은, 정말 단지 사물을 이해하기 위한 수단의 하나이자 스스로가 경험한 모든 것을 정리하는 방식 하나에 불과한 '나'가 통제자로서의 지위를 내려 놓고, 이질적이고 낯선 것들과 타자들이 문화, 사상, 식견, 감정, 이미지, 관념을 이 사람에게서 저 사람에게로 전달시키는 체계로서의 '문학'에 의해 드러난, 그들 고유의 형식에 다가설 수 있도록 허용하는 것이라고 생각합니다. 따라서 글을 쓴다는 것은 창조하고 취득하는 것인 만큼이나 잃는 것이요 되돌려주는 것이기도 합니다.

내가 당시 그곳에서 글을 쓰면서 이렇게 생각했다는 것은 아닙니다. 그것은 마치 눈사태와도 같았고, 나는 쓰고 또 썼습니다. 잠자리에 들면서도 내일 아침에 눈을 떠서 계속 쓰게 되기를 바라 마지않았습니다. 내가 쓰고 있던 글에는 마치 아무런 경계도 없는 것처럼, 글은 스스로가 원하는 곳이라면 어디로든 갈 수 있는 것처럼 느껴졌고, 내가 해야 할 것이라고는 그저 글이 이끄는 대로 따라가는 것뿐이었습니다.

그 글은 스물여섯 살이었던 주인공과 그의 열세 살짜리 학생 사이에서 일어난 열정과 관계에 관한 이야기로 이어졌습니다. 이 소설은 자신의 자아와 그 무한함 속에 갇혀 있는 것을 다룬 이야기인가 하면, 그로부터 자유로워지는 것에 관한 이야기였으며, 감정적인 미숙함과 유치함에 관한 이야기인 동시에, 순수함과 결백함, 또

순수함을 동경함으로써 동반되는 어두움에 관한 이야기이기도 했습니다. 또한 권위에 대한 두려움에 관한 이야기였습니다.

그 당시 내가 쓰고 있던 소설이 프루스트와 연관성이 있다는 사실은 전혀 인식하지 못했습니다. 지금에 와서는 프루스트가 사고와 행동을 통합하는 방식은 물론, 은유를 통해 작품 속에서 평행 세계를 열고 주인공을 둘러싼 세계를 통째 만들어내는 그만의 은유 개념도, 그만의 노스탤지어도, 기억이란 무엇인가에 대한 그만의 이해도 다 보이지만, 당시의 나는 이 모두를 내 것이라고 믿으면서 이들을 사용했고, 소설을 쓴다는 것이 비로소 가능해졌던 것도 이들 요소들 덕분이었습니다.

나는 그 소설을 왜 썼던 것일까요?

나는 그 이유를 몰랐습니다. 아마도 단순히, 할 수 있었기 때문인 듯합니다.

소설이 마무리되었을 때 형에게 원고를 보냈습니다. 형과 통화하려고 전화를 걸었을 때, 원고를 다 읽고 난 형의 첫마디가 들려왔습니다. "아버지가 너를 고소하실 텐데."

그리고 나서 몇 주가 지난 어느 날 아침, 우편으로 도착한 출판사의 교정본을 막 받아들고 읽어보려고 하던 차에 전화벨이 울렸습니다. 아버지가 돌아가셨다는 소식을 전하는 형의 전화였습니다.

우리는 함께 아버지가 돌아가셨던 집으로 향했습니다. 나는 저

넉나절이면 교정본을 읽을 수 있을 거라는 생각에서 여행 가방에 원고를 챙겨 넣었습니다. 하지만 그것은 불가능했습니다. 그저 울고, 또 울었습니다. 꼭 내 밑바닥이 떨어져 나가버린 것만 같이 느껴졌습니다. 아버지를 향해 느꼈던 내 나이만큼이나 해묵은 분노는 사라져 버렸습니다. 나는 아버지를 생각하면서, 나 자신을 생각하면서, 우리 부자를 생각하면서 울고 또 울었습니다. 그리고 내 소설은 더 이상 아무 가치가 없어지고 말았습니다. 내가 그 소설을 썼던 것은 다름 아닌 아버지를 위해서였다는 것을 문득 깨달았습니다. 나는 아버지가 나를 보시기를 바라왔던 것입니다. 단 한 번도 그런 적이 없었습니다. 그리고 이제는 너무 늦었습니다. 아버지는 그 소설을 읽을 겨를도 없었고, 내가 작가가 되었다는 것도 끝내 모르셨던 것입니다.

그곳에서 한 주 동안 머물면서 일어났던 일이 나를 변화시켰습니다. 그리고 나는 그 경험을 써야만 한다고 깨달았습니다. 나의 첫 소설은 출간되었고 성공을 거두었습니만, 그 후속작을 쓰기 시작하자 더 이상 쓸 수가 없었습니다. 나는 한 아버지의 죽음과 그 아들의 아버지와의 관계에 대해서 쓰고 싶었지만, 그것은 불가능했습니다. 장장 사 년 동안 매일매일 썼지만 소용이 없었고, 아무것도 나오지 않은 채로 깊은 무력감에 빠지고 말았습니다. 무려 팔백 페이지에 달하는 도입부를 썼지만 나의 경험을 표현하는 데에는 가까이조차 가지 못했고, 우리가 삶을 바라보는 것에 죽음이 끼쳤을 영향력과 관련이 있었을 아버지와 나 사이의 개인사에도, 그로 인해 파생되었을 그 무엇에도 다가서지 못했습니다. 장례식에서 금속 테이블 위에 놓인 아버지의 모습을 보고 나자, 나는 세상의 물질성과 나를 둘러싼 사람들을 포함한 모든 사물들의 물리적이고도 물질적인 측면에 눈을 뜨게 되었고, 우리 모두가 물리적 육체로, 생리학적이면서 생물학적인 존재로 보이기 시작했는데, 이와 같은 관점은 단 한 번도 나를 떠나지 않은 채 사회적인 존재로서의 표피 바로 아래에 여전히 남아 있습니다.

나는 물질 세계 속의 사물들에 대한 짧은 글을 써 보려고 시도했습니다. 프랑시스 퐁주에게서 크게 영향을 받았던 것이지만, 차이점이 있다면, 실제 동물들과 사물들과 사람들 사이에서 존재하지 않았던 사물과 사람이 나타나기 시작해서 천천히 그리고 부지

불식 중에 또 다른 현실이 실체를 드러내고 결국 모든 것을 장악해서 모두가 거기에 귀속된다는 것이었습니다.

또한 '폐'와 같이 신체의 일부분을 가리키는 단어들이 많았던, 내가 좋아하는 단어 수백 개를 써 내려가기도 했습니다만, 막상 자리에 앉아서 그 단어들을 뚫어져라 들여다 보면서 이에 대해서 써 보려고 했을 때는 아무것도 나오지 않았고, 아무 할 말도 없었고, 결국에는 이 프로젝트마저 포기하고 말았습니다.

그 무렵 내 방 벽에는 영화 감독 피터 그리너웨이Peter Greenaway의 전시 포스터가 한 장 붙어 있었고, 여기에는 천사와 새들의 날개와 조종사의 이미지가 담겨 있었습니다. 어느 날 하루, 나는 배를 타고 한 작은 섬으로 게를 잡으러 갔던 어느 아버지와 두 아들의 이야기를 쓰기 시작했습니다. 이들은 그 섬에서 죽은 갈매기 한 마리를 발견했는데, 아버지가 그 갈매기를 집어다가 손전등을 비추자 가늘고 연약한 팔 비슷한 것이 날개 아래에 달려있는 모습이 아들들의 눈에 들어옵니다. 그리고는 갑자기, 역시 글쓰기는 이렇게 독서와 똑같은데요, 다시 글이 써지기 시작했고, 나는 세상 속에 물리적이면서도 육체적으로 존재하는 천사에 관한 소설을 썼습니다. 이것이 아버지의 시신을 모셔놓은 것을 본 것과 연관성이 있을 수도 있다는 생각은 미처 들지 않았습니다.

이 소설을 끝내고 나서 다시금 벽을 만났습니다. 결과물 하나 없이 고생하던 사 년 간의 시간이 또다시 뒤따랐습니다. 나는 아버지의 죽음을 다룬 이야기를 쓰고 싶었지만 그럴 수가 있으리라고 믿지도 못했고, 이런 나의 불신을 멈출만한 강단도 없었습니다.

'소설적인 공간fictional space'을 만들려면 엄청난 강단이거나 엄청난 무지가 필요합니다. 소설적인 공간이 과연 무엇인지를 파악하기 위해서는 톨스토이의 《전쟁과 평화》와 같은 작품에 기대볼 수도 있겠습니다. 나는 이 책을 두 번 읽었습니다. 그리고 두 번 다 완전히 빠져들었습니다. 걸작을 읽을 때만 일어나긴 합니다만, 우리가 우리 자신의 삶에서보다 읽고 있는 책에 감정을 더 많이, 더 깊이 쏟아붓다 보면, 때로는 소설이 펼쳐 놓은 공간을 갈망하게 되고 심지어는 그 인물들까지도 동경하게 됩니다. 등장 인물들은 시골의 대저택에서 도시로, 무도회에서 전쟁터로, 수없이 이동하면서 각자의 경험에 바탕을 두고 만들어진 다양한 인물들 사이의 전환 속에서 결코 혼자 서 있는 법이라고는 없이 늘 서로서로 만나고 헤어지며 끊임없이 새로운 방식으로 엮이는데요, 이런 방식이라는 것도 미처 깨닫지 못합니다. 그 이유는 우리들, 즉 작가와 독자만이 모든 인물들의 관점에서 조망할 수 있기 때문입니다. 한편, 같은 시대와 문화를 배경으로 한 투르게네프Ivan Turgenev의 《사냥꾼의 수기 Sketches from a Hunter's Album》에는 《전쟁과 평화》를 위대한 소설로 만들었던 요소라고는 거의 아무것도 없습니다. 행위도, 흥미거리도, 줄거리도, 대단한 장면도 없으며, 전체로 받아들여질만한 그 무엇도 전개되거나, 일어나거나, 사라지지 않으며, 중심 인물 또한 없습니다.

《사냥꾼의 수기》는 평범한 한 사냥꾼이 자신이 사는 곳에서 경험하고 만나는 사람들에 중점을 둔, 느슨하면서도 우연한 이야기의 모음집에 지나지 않습니다. 그러나 내가 이 책을 읽기 시작하자, 실제로 1840년대의 러시아가 그랬듯이 강력한 현장감이 느껴졌고, 책 속의 풍경과 인물들도 실제 풍경과 실존 인물인 것만 같아서 '바로 이랬었구나' 싶었던 것입니다. 투르게네프의 산문은 비닐 포장을 찢고 뛰쳐나오기라도 한 것처럼 그 아래에 있던 세계가 진정한 색채를 드러내면서 나타나서 인물들과 그들의 결점 모두를 노출시키는 것만 같았습니다. 한 세계의 존재에 대해서 이와 같은 진정성을 느끼게 만드는 것이 무엇인지는 모르겠습니다만, 다만 드물게 일어난다는 점과 톨스토이의 인물들과는 달리 투르게네프가 묘사했던 인물들이 실존했다는 사실과는 무관하다는 점, 혹은 투르게네프와는 달리 톨스토이는 이야기를 지어냈다는 것과는 무관하다는 점만은 알고 있습니다. 그러나 아마도 가장 중요한 점은, 투르게네프의 인물들과 인물 묘사는 결코 자신들을 벗어나지 않는다는 점, 그들은 보다 크게 연결된 사건들의 일부가 아니라는 점, 또한 그 순간과 그 장소 말고는 모든 것에서 자유롭게 존재한다는 점일 것입니다. 그리고 바로 그 순간과 그 장소야말로 세상에서 우리의 경험이 일어나는, '바로 그 장소^{locus}'입니다. 세상의 존재감이자 세상 안에서의 존재감과 같은 이러한 궁극의 진정성이 톨스토이의 소설에서는 형식을 위해서 부분적으로 희생되는데, 이로써 특정한 관계들 속에 결정적인 통찰력을 전달하는 것과, 사건의 전개 과정 속에 심리적 패턴이나 사회적인 구조를 전달하는 것을 가능하게 만듭니다. 바로 이점이 톨스토이를 읽고 나서 투르게네프를 읽었을 때 내가 그만큼이나 충격을 받았던 이유임에 틀림없습니다. 투르게네프는 우리를 풍경이나 사람이나 문화에 훨씬 더 가까이 데리고 갔는데, 바로 거기야말로 다른 어느 곳이 아닌, 우리가 가고 있는 바로 그 장소였기 때문입니다. 즉, 예를 들자면, 바로 그날 밤의, 바로 그 헛간이었던 것이고, 또한 내가 소설이라는 형식으로 무슨 일이 일어났는지를 이야기하려고 노력하던 무렵에 내가 쓰고 있던 것을 믿지 않았던 것도 바로 그래서였던 것이 틀림없습니다. 나는 여느 아버지와 여느 아들의 관계에 대해서는 쓰고 싶지 않았습니다. 나는 내 아버지와 나에 대해 쓰고 싶었습니다. 나는 입센Henrik Ibsen이 쓴 《유령Ghosts》에서의 주제에 대한 변주처럼 여느 성인 남자 하나가 어머니와 함께 살고 있는 여느 집에 대해서 쓰고 싶지는 않았습니다. 내가 쓰고 싶었던 것은 바로 그 집과, 그리고 그 속에 담긴 구체적인 현실이었습니다.

그 시절에 그곳에 앉아서 줄곧 애쓰던 당시에는 이것을 미처 몰랐습니다. 나에게는 모든 글이 맹목적이고도 직관적이라서 써지든지 아니면 안 써지든지 둘 중 하나이기 때문에, 어떤 소설이 왜 그런 식으로 나왔는지를 설명하는 것은 언제나 사후 합리화일 뿐입니다. 결국 뭐가 됐든 효과적인 것이 저절로이다시피 뚫고 나옵니다.

십 년 동안의 시도와 실패가 이어지던 어느 날, 나는 나 자신에게 일어났던 무언가, 너무나 수치스러워서 절대로 아무에게도 이야기하지 않았던 바로 그 무언가에 대해서 나의 실명으로 몇 페이지를 썼습니다. 그 당시의 나는 내가 왜 그랬는지도 몰랐고, 처음에는 내가 쓰려고 노력하고 있었던 소설과는 아무런 연결 고리도 안 보였지만 그냥 그렇게 해 보았던 것입니다. 그 글을 담당 편집자에게 보냈습니다. 그는 원고를 읽고 나서 "미친듯이 고백적"이라고 표현했고, 나는 그가 당황했다는 인상을 받았는데, 그것은 내 원고가 꽤 강렬했고, 굳이 문학적인 용어로 표현하자면 조악했기 때문이었습니다. 하지만 그 원고에는 무언가가 있었고, 그건 그도 알 수 있었고 나도 알 수 있었습니다.

그것은 무엇이었을까요?

우선 그 무엇보다도 바로 '자유로움'이었습니다. 만일 내가 이 방식을 택한다면, 만일 내가 나 자신의 실명으로 나 스스로가 경험한 일들을 그대로 써 내려가기만 한다면, 문체나 형식, 문학적 의미나 인물을 비롯해서 목소리 톤이며 거리감에 대한 모든 걱정이 마치 단번에 사라지는 듯했고, 불현듯 소설의 문학적인 측면이란 다만 허구에 불과하며 불필요한 것처럼 느껴졌기 때문이었습니다. 즉, 나는 그저 쓸 수 있었던 것입니다. 그러나 이와 같이 갑작스러운 자유로움만 힘을 발휘한 것은 아니었고, 또한 결코 들어본 적도 없었던 무언가가 있었습니다. 그것은 일종의 '금단forbidden'이었습니다.

나는 소설가였고, 소설을 썼습니다. 그리고 내가 만일 나 자신의 삶에서 무언가를 사용한다면 그것은 소설의 일부로 위장되어야만 했습니다. 이를 포기한다는 것은 소설가로서의 나에게 허용된 가능성 중에는 없었습니다. 왜냐하면, 만일 이것을 포기한다면 그 이야기는 더이상 문학이 아니기 때문입니다.

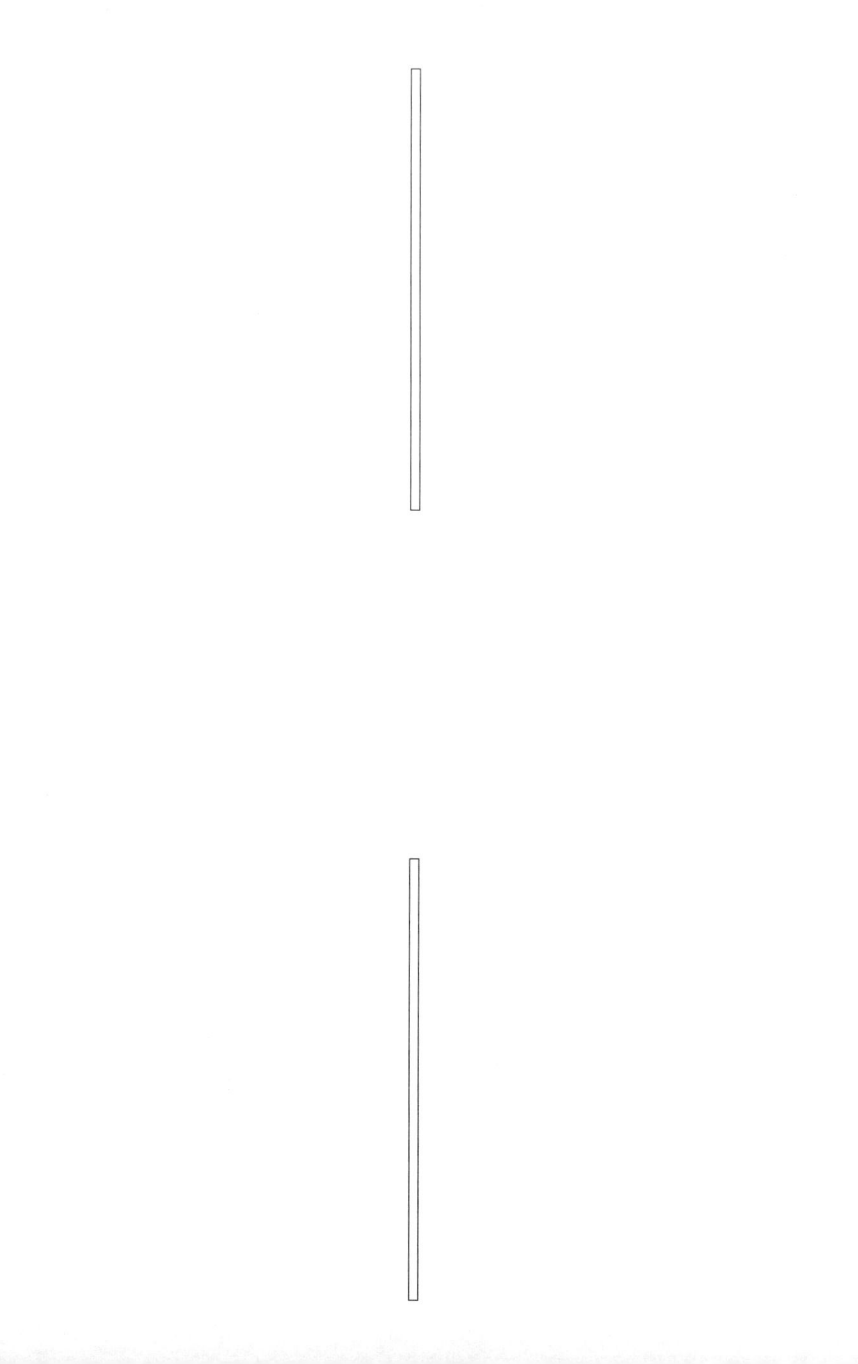

편집자 후기

작가 칼 오베 크나우스고르는, 누구보다도 자기 자신에게 진실된 글을 쓰고 싶은 동시에 '젠더나 계급이나 문화를 떠나서 모든 사람에게 해당되거나 관련되기 때문에 정말 본질적이고도 중요해서 만인에게 읽히는 글을 쓸 수 있기를 열망한다'고 《나는 이래서 쓴다》를 통해 밝혔습니다. 그 바램처럼 크나우스고르라는 한 노르웨이 작가의 더없이 개인적인 삶과 사고방식은 세계 곳곳에서 많은 독자들에게 공감을 불러일으키고 있습니다.

크나우스고르는 1968년 노르웨이에서 태어나 성장했고, 평생 글을 쓰는 것을 업으로 삼아 왔으며, 지금도 매일매일 글을 씁니다. 데뷔작인 《세상 밖Ute av verden》으로 등단과 동시에 '노르웨이 비평가상'을 받았던 작가는 두 번째 소설 《모든 것을 위한 시간En tid for alt》으로도 '노르딕 카운슬 문학상'과 '더블린 문학상' 후보에 오르는 등 상당한 주목을 받았습니다. 자전적 이야기를 소재로 삼아 2009년부터 2011년까지 2년여에 걸쳐 무려 3,600 페이지에 달하는 길이로 발표했던 세 번째 소설 《나의 투쟁Min Kamp》 여섯 권은 노르웨이는 물론 세계 각국에서 번역 출판되어 폭발적인 관심과 각광을 받아왔습니다. 극히 사적인 일상을 치밀하고도 정직하게 직시하는 독특한 시선과 형식의 이 소설로, 제임스 조이스나 마르셀 프루스트와 같은 거장들에 비견할 만한 문학적 성과를 거두었다고 평가 받기도 했습니다.

미국의 예일대학교는 2017년 '윈덤캠벨 문학상' 시상식에서, 크나우스고르를 초빙해 '왜 글을 쓰는가'를 주제로 강연을 부탁했습니다. 그는 이렇게 단순해보이는 질문이 실은 위험천만하다고 고백합니다. 이 질문을 받고 사흘 동안 글머리도 못 잡은 채로 전전긍긍했다고도 밝힙니다.

잔인할 정도로 솔직하다고 평가받는 크나우스고르가 다시 한 번 가식과 체면을 모두 벗어던지고 자신이 왜 글을 쓰는지는 물론 어떻게 쓰는지, 이 질문에 답하기가 왜 이렇게 어려운지를 속속들이 날카롭게 파헤치고 들어갑니다. 그가 겪어왔던 숱한 시행착오와 몇 년씩의 꽉 막힌 벽, 자기 기만과 시기 질투와 뼈저린 좌절감에 이르기까지 모든 치부를 남김 없이 토로합니다. 작가들이 써놓은 글이란 것은 결국 물리적인 실체가 없는 상상력의 산물임에 분명하지만, 독자의 삶 속에서 구체적으로 어떻게 존재해 나가는지, 또 우리가 사는 세상에서는 과연 어떤 위력을 발휘하는지를 그가 철저하게 묻고 따지고 대답하는 동안, 작가로서의 글쓰기는 물론 독자로서의 책읽기가 과연 어떤 세계에서 어떻게 일어나는지도 서서히 윤곽이 드러나기 시작합니다.

《나는 이래서 쓴다》를 통해서 칼 오베 크나우스고르가 그 누구보다도 솔직하면서도 진지하게 털어놓은 문학관을 독자들께 한국어로 들려드리는 작업을 저희 비트윈이 할 수 있게 되어서 무척 기쁩니다. 이 책은 사이연이 노르웨이어 원서에 따라 정확하고 충실하게 번역했습니다.

책을 만드는 데 소요되는 종이의 질량을 떠나서 그야말로 묵직한 가치를 지닌 채 두고 두고 공명하는 책으로 남게 되기를, 그래서 우리들 한 사람 한 사람의 삶에 의미를 더할 수 있는 소중한 책으로 기억될 수 있기를 바라는 마음을 이 프로젝트에 담았습니다. 앞으로도 저희 비트윈은 언어와 문화 및 시대와 세대 사이에 존재하는 간극에 관심을 둔 의미있는 프로젝트로 꾸준히 독자 여러분을 찾아 뵙겠습니다. 감사합니다.

나는 이래서 쓴다

칼 오베 크나우스고르 지음
사이연 옮김

초판인쇄	2023년 10월 18일
초판발행	2023년 10월 25일

펴낸이	이주동
편집	이영숙 이헌일
기획	사이연구소
북 디자인	윤지혜

펴낸곳	비트윈
인쇄 제책	퍼스트경일
출판등록	2020년 8월 22일
주소	서울 특별시 양천구 신정로 7길 60-7, 404-1502
대표전화	02.2060.2805
전자우편	betweenbooks.99@gmail.com
블로그	https://blog.naver.com/betweenlab

ISBN 979-11-975032-1-4
책값은 뒤표지에 있습니다.